AI와 무역

인공지능총서

인공지능 시대입니다. 기계가 인간의 인지를 대신하고, 사물이 인간을 통하지 않고 다른 사물과 직접 커뮤니케이션합니다. 이에 따른 인간 삶과 문명 변화를 정확히 이해·예측·대응하는 것은 이 시대 우리 모두의 과제입니다. 인공지능총서는 인공지능 기술과 환경의 여러 주제를 10가지 키워드로 정리합니다. 관련 개념과 이론, 학계와 산업계의 쟁점, 우리 일상의 변화를 다룹니다. 인간과 기술의 현재, 미래를 세심히 분석합니다.

일러두기

- 인명, 작품명, 저서명, 개념어 등은 한글과 함께 괄호 안에 해당 국가의 원어를 병기했습니다.
- 외래어 표기는 현행 어문규정의 외래어표기법을 따랐습니다.
- 이 책의 인세는 성남 소재 장애인 시설에 기부됩니다.

처음이세요?

전문가세요?

AI와 무역

김인근·김우규

대한민국, 서울, 커뮤니케이션북스, 2025

AI와 무역

지은이 김인근·김우규
펴낸이 박영률

초판 1쇄 펴낸날 2025년 10월 22일

커뮤니케이션북스(주)
출판 등록 2007년 8월 17일 제313-2007-000166호
02880 서울시 성북구 성북로 5-11
전화(02) 7474 001, 팩스(02) 736 5047
commbooks@commbooks.com
www.commbooks.com

ISBN 979-11-430-1386-6 03500

책값은 뒤표지에 표시되어 있습니다.

차례

AI 시대, 무역을 묻다

AI가 그리는 새로운 통상 질서

상상해 보자. 한국의 게임 회사가 미국산 AI로 창조한 가상 캐릭터를 미국에 수출한다면, 이는 한국산일까 미국산일까? 관세는 어떻게 부과해야 할까? 그 과정에 AI가 작성한 계약서의 오류로 분쟁이 발생하면 누가 책임져야 할까?

데이터가 새로운 교역 대상으로 부상하고 AI 기술이 급성장하면서, 기존 통상 질서의 한계가 드러났다. 이제 인공지능(AI)은 단순한 자동화 도구를 넘어서서, 무역 구조와 통상 질서 자체를 바꾸는 근본적 동력으로 작동하고 있다.

무역 업무 혁신이 문서 전자화와 프로세스 효율화에 머물러 있던 시점에서, AI는 새로운 전환의 열쇠로 등장했다. 최근 급격히 진화한 AI는 더 이상 단순히 업무를 돕는 보조 수단이 아니다. 방대한 데이터를 분석해 시장의 숨은 패턴을 드러내고, 공급망과 금융 흐름을 실시간으로 재구성하는 '초연결 기술'로 자리 잡았다.

대표적인 사례가 농식품 전문 무역상사 트릿지(Tridge)

의 혁신이다. 매년 3월마다 15~20%씩 급등하던 국내 바나나 가격이 2024년 이후 안정세를 보이고 있다. 트릿지는 생산국별 작황, 물류 상황, 관세 데이터를 AI로 분석해 필리핀·페루 대신 캄보디아를 대체 공급선으로 제시했다. 그 결과 국내 시장에 저렴하고 안정적인 수입 물량을 공급할 수 있었다. 데이터와 알고리즘, 그리고 실행력이 결합될 때 무역 혁신이 현실이 된다는 사실을 보여주는 단적인 사례다.

무역 현장에서 AI가 가져오는 변화는 특정 분야에 그치지 않는다. 시장 조사, 마케팅, 계약 관리, 물류 최적화, 무역 금융 심사 등 거의 모든 프로세스에서 AI는 경쟁력의 판도를 다시 쓰고 있다. 과거 컨테이너와 인터넷이 무역의 물리적·디지털 장벽을 차례로 허물었다면, 이제 AI는 데이터와 지식의 장벽을 무너뜨리며 무역 질서 자체를 재편하고 있다.

대전환기, 한국 경제가 직면한 현실

세계 무역의 전통 질서는 지난 10여 년간 연속적 충격 속에서 크게 흔들렸다. 미·중 패권 경쟁, 코로나19 팬데믹, 러시아-우크라이나 전쟁과 중동 분쟁은 글로벌 분업 구조를 근본적으로 재편시켰다. 자유 무역을 떠받치던

다자주의는 힘을 잃고, 각국은 전략 물자 확보와 자국 이익 보호를 최우선으로 내세우는 탈세계화 국면으로 이동했다.

공급망 역시 '저스트 인 타임(Just-in-Time)'에서 '저스트 인 케이스(Just-in-Case)'로 패러다임이 바뀌었다. 국경 통제와 물류 차질은 기업들로 하여금 공급선을 다변화하도록 강제했고, 미국과 유럽은 전략 산업의 생산 기지를 본토로 되돌리는 리쇼어링을 추진했다. 여기에 기술·안보 블록화까지 겹치며, 반도체·희토류 같은 핵심 산업재는 무역의 대상이 아니라 국가 안보의 무기로 다루어지고 있다.

이러한 거대한 구조 변동은 한국 경제에도 중대한 도전으로 다가왔다. 수출 의존도가 OECD 평균을 훨씬 웃도는 한국은 외부 충격에 취약하다. 반도체를 제외한 전통 제조업 경쟁력이 흔들리고, 고령화와 노동력 감소, 가계 부채와 같은 내부 악재까지 겹치며 복합 위기가 현실화되고 있다. 과거의 성장 공식은 더 이상 작동하지 않는다.

이러한 상황에서 한국이 다시 도약하려면 AI 기반의 기술 주도 성장 전략이 필요하며, 동시에 AI 확산을 기회로 삼아야 한다.

다행히 한국은 이미 세계적으로 가장 빠른 속도로 AI를 도입하고 있다. 근로자의 64%, 무역 업계 종사자의 70%가 AI를 활용하고 있다. 이는 종주국 미국보다 두 배 이상 높은 수준이다. 기술 패러다임 전환의 최전선에 한국이 서 있다는 점은 분명한 기회다.

특히 급속한 고령화와 노동력 감소라는 구조적 한계를 보완할 수 있는 잠재력이 크다. 국제통화기금(IMF)은 한국의 인구 감소 추세가 계속될 경우 2050년까지 GDP가 16.5% 줄어들 것이라고 경고했지만 AI를 적극 도입할 경우 생산성 향상을 통해 GDP 감소폭을 대폭 줄일 수 있다는 희망적인 진단도 내놓았다. AI가 단순한 효율화 도구를 넘어 국가 성장 잠재력을 지탱할 전략 자산임을 의미한다.

그러나 준비 없는 AI 확산은 위험을 키울 수 있다. 데이터 표준과 활용 체계, 윤리와 책임, 사회적 신뢰가 뒷받침되지 않는다면 막대한 투자에도 불구하고 '가성장(假成長)'에 그칠 수 있다. AI는 한국 경제의 생존과 도약을 가르는 기회인 동시에, 제도적 · 사회적 기반을 갖추지 못하면 새로운 취약성을 드러내는 도전이기도 하다.

무역 인프라와 AI 융합 전략

한국 무역의 급성장 뒤에는 이를 뒷받침하는 탄탄한 인프라가 존재했다. 한국은 일찍부터 전자 정부와 전자 무역 정책을 통해 무역 프로세스의 효율화를 추구했다. 수출입 신고와 통관 절차의 온라인화, 무역 문서의 전자화(Paperless Trade) 프로젝트가 그 초석이었다.

한국무역정보통신의 uTradeHub는 계약부터 물류, 결제에 이르는 무역 업무 전반을 디지털로 처리할 수 있도록 하여 많은 기업의 거래 비용을 줄였다. 무역 업무에 AI를 적용하기 위한 노력도 지속되었다. 한국무역협회는 수십 년간 무역 상담을 통해 축적한 빅데이터를 AI에 연계하여 24시간 이용 가능한 'AI 무역 상담 서비스'를 제공했다. 은행권은 환어음 매입 심사에 AI를 도입해 무역 금융 심사의 속도와 안정성을 높였다.

그러나 이런 노력에도 한계가 존재한다. 기관별 시스템은 여전히 단절되어 데이터 파이프라인이 완전히 연결되지 못했고, 현장에서는 디지털 전환에 대한 조직 문화적 저항이 남아 있다. 문서는 전자화되었지만 거래의 맥락은 여전히 사람의 암묵지와 직관에 의존하는 경우가 많다. 지금까지의 자동화는 기반을 다지는 수준이었을 뿐, 무역의 질서를 근본적으로 바꾸는 혁신에는 아직 이르지 못했다. 바로 이 지점에서 대형 언어 모델(LLM) 기반 AI의 등장이 결정적 변곡점으로 작동한다.

AI는 무역의 문턱을 낮추며 대기업뿐 아니라 중소기업에게도 글로벌 시장 진출의 기회를 확장하고 있다. 시장 조사, 바이어 발굴, 무역 금융과 같은 영역에서 AI는 정보 접근의 불평등을 줄이고, 소규모 기업도 대기업에 못지않은 역량을 빠른 시간에 확보할 수 있도록 돕는다. 이로써 글로벌 경쟁 질서는 재편되고 있으며, 무역 업계는 새로운 기회의 문턱에 서 있다.

하지만 이러한 변화가 일시적 성과에 그치지 않고 지속 가능한 경쟁력이 되려면 무역 업무에 특화된 AI 인프라가 반드시 필요하다. 현재 대기업은 자사 업무 환경에 특화된 AI 서비스를 구축하여 활용 중이나, 대다수의 중소기업은 챗지피티(ChatGPT), 제미나이(Gemini) 등 범용 AI를 구독해 사용하고 있다. 그러나 범용 AI는 보안 취약성, 업무 목적에 맞춘 최적화 부족, 국가별 상이한 법적 요구와 복잡한 통상 절차, 금융 · 물류 데이터의 단절 등에서 공통적으로 제약이 뚜렷하다. 따라서 한국 중소기업의 업무 환경 및 국제 무역 규범 · 관세 정보에 최적화된 '무역 특화 버티컬 AI'를 구축해야 한다.

이에 더하여 무역 업계 차원에서 데이터 표준화와 관

리 체계를 구축하는 것이 시급하다. 정부 · 무역협회 · 관련 기관 등 주요 이해관계자가 데이터를 개방 · 연결해야 이를 기반으로 신뢰성 있는 버티컬 AI 플랫폼을 마련할 수 있다. 이는 무역 분야 데이터 주권을 확보하고 공공 · 민간이 신뢰할 수 있는 AI 생태계를 구축하여 정부가 추진 중인 '소버린 AI' 전략에도 부합한다. 최근 산업통상자원부는 제조 · 에너지 · 물류 등 주력 산업 전반에 AI를 내재화해 생산성과 경쟁력을 높이는 데 중점을 두고 있다. 무역 분야에서도 이 정책이 적용되면 수출입 절차의 자동화와 글로벌 공급망의 효율적 운영을 지원하는 기반이 될 수 있다.

무역 특화 버티컬 AI 플랫폼이 마련되면, AI가 단순히 대기업의 경쟁 우위를 강화하는 데 그치지 않고 중소기업을 포함한 가치사슬 전반에서 공정성과 지속가능성을 보장하는 포용적 AI, 즉 모두가 혜택을 공유하는 보편적인 인공지능으로 작동할 것이다. 이처럼 국가 전략과 국제 규범을 아우르는 다층적 접근이 병행될 때, AI는 단순한 효율화 도구를 넘어 한국 무역의 전략적 인프라로 자리매김할 수 있다. 나아가 글로벌 경쟁 속에서 지속 가능한 우위를 확보하는 동력이 될 것이다.

10가지 주제로 보는 AI 무역 혁신 로드맵

이 책은 무역과 AI의 결합이 만들어 내는 변화를 단계적으로 설명하고, 독자들이 전체 흐름을 한눈에 이해할 수 있도록 구성했다. 각 장은 무역의 다양한 분야에서 AI가 어떻게 실질적인 도구이자 전략으로 작동하는지를 보여준다.

1장은 탈세계화, 공급망 재편, 지정학적 갈등 등 거대한 통상 환경의 변화를 다루며 한국 경제와 무역 업계가 직면한 구조적 도전을 구체적으로 설명한다. 미국과 중국의 갈등, 팬데믹으로 인한 물류 차질, 주요 자원의 무기화 등 실제 사례를 통해 한국이 직면한 현실을 다층적으로 제시하며, 앞으로의 생존 전략에 필요한 문제의식을 제기한다. 또한 이러한 변화가 단순한 경제 문제를 넘어 정치 · 외교적 도전으로 확장되고 있음을 분석해, 통상 정책과 기업 전략의 긴밀한 연계 필요성을 강조한다.

2장은 무역 현장에서 나타난 AI 혁신 사례를 상세히 보여준다. 트릿지의 농식품 공급망 다변화, 글로벌 물류 기업의 예측 알고리즘 도입, 해외 마케팅에서의 자동 번역 · 챗봇 활용 등 다양한 사례를 통해 AI가 시장 안정화와 비용 절감, 신시장 개척에 기여하는 방식을 설명한다. 나아가 AI가 기업의 의사결정 구조를 어떻게 변화시키고, 무역의 전통적 경쟁 요인을 데이터 기반으로 재정의하는지도 심층적으로 다룬다.

3장은 AI를 활용한 시장 조사 기법을 다룬다. 글로벌 소비자 트렌드 분석과 수요 예측의 정밀성을 높이는 다양한 접근법을 소개하며, 소셜미디어 분석, 검색 데이터 패턴, 전자상거래 플랫폼 데이터 활용 등 실무적으로 적용 가능한 기법을 구체적으로 제시한다. 더 나아가 이들 기법이 어떻게 무역인의 직관을 보완하고, 시장 진입 전략 수립에 실제로 활용되는지를 분석한다.

4장은 초개인화 마케팅과 고객 관리 혁신을 다룬다. 다국적 플랫폼과 SNS를 활용한 국가별 맞춤형 전략 수립 사례를 제시한다. 국가별 문화 · 소비 패턴에 맞춘 광고 콘텐츠 제작, AI 기반 고객 세분화 및 타기팅 기법, CRM 시스템 자동화의 성과를 설명한다. 또한 고객 경험 관리가 무역 기업의 브랜드 신뢰도와 장기적 거래 관계 구축에 어떤 영향을 미치는지도 살펴본다.

5장은 AI 무역 리터러시의 중요성을 다룬다. 무역 현장에서 각국 규범과 문화 차이를 이해해야 하지만 문서 업무와 언어 장벽은 여전하다. AI는 계약 표준과 커뮤니케이션을 지원하며 문서 자동화로 부담을 줄인다. Incoterms(국제 표준 거래 조건), CISG(국제 물품 매매 계약에 관한 유엔 협약) 등 국제 규칙 반영과 계약 검토, 번역 관리까지 맡아 리스크를 낮추며, 개인정보 보호와 검수 체계까지 적용될 때 AI 리터러시가 어떻게 무역 시장에서 생존을 가르는 핵심 역량이 될 지를 고찰한다.

6장은 공급망 관리 혁신을 설명한다. 스마트 항만 운영, 자율주행 물류 시스템, AI 기반 예측 물류 기술의 실제 적용을 소개한다. 나아가 기후 변화나 지정학적 위험에 따른 공급망 리스크를 사전 분석해 대응하는 방법까지 다룬다. 또한 글로벌 물류 네트워크에서 AI가 가져올 구조적 변화와 새로운 협력 모델도 전망한다.

7장은 무역 빅데이터 분석과 AI 자동화를 살펴본다. 전략적 의사결정과 실시간 리스크 탐지를 지원하는 플랫폼 사례를 분석한다. 예측 알고리즘을 통한 수요·공급 조정, 금융시장 불안에 대한 조기 경보 시스템 등 다양한 활용 방안을 구체적으로 설명한다. 더 나아가 데이터 기반 AI를 활용한 무역 정책 수립과 기업 전략 수립이 어떤 효용 가치가 있는지도 논의한다.

8장은 환율, 물류와 신용 측면에서 AI가 제공하는 리스크 관리 방안을 구체적으로 설명한다. AI 기반 환율 예측 모델, 원자재 가격 변동성 관리, 공급망 재설정, 물류 경로 자동 설계가 실무에 어떤 도움을 주는지를 자세히 살펴본다. 더불어 AI를 활용하여 다양한 리스크 상황에 실시간 대응이 가능한 체계 및 방안도 설명한다.

9장은 AI와 디지털 통상의 충돌을 다룬다. AI 확산으로 데이터·알고리즘이 새로운 교역 대상이 되며 기존 WTO(세계무역기구) 규범의 한계가 드러났다. 미국은 AI 기술 패키지 수출과 대중 봉쇄, 유럽은 EU AI Act, 중국은 자력갱생 노선을 택해 디지털 통상 규제가 새로운 무역 장벽이 되고 있다. 혁신기에 한국이 국제 규범 경쟁에서 주도권을 확보하기 위해 고려해야 할 정책 대안을 제시한다.

10장은 기업의 AI 도입 전략을 집중적으로 다룬다. 저비용·고효율 활용 방안, 공동 플랫폼 활용, 정부와 협회의 지원 제도 등 실제 적용 가능한 실행 전략을 제시한다. 업종별 차별화된 적용 사례와 단계별 도입 로드맵을 제안하여 기업이 실질적으로 AI를 활용할 수 있는 경로를 보여준다. 더 나아가 인력 부족과 자원 제약이라는 구조적 한계를 어떻게 AI가 극복할 수 있는지도 설명한다.

변화의 소용돌이에서 길을 찾는 나침반

『AI와 무역』은 단순히 새로운 기술을 소개하는 책이 아니다. 이 책의 목적은 거대한 변화의 소용돌이 속에서 무역 업계와 정책 현장의 실무자들이 길을 잃지 않도록 나침반을 제시하는 데 있다. AI는 더 이상 선택이 아닌 필수 역량이며, 무역의 언어와 도구, 그리고 질서를 근본적으로 바꾸고 있다.

저자는 IT와 무역 양측 산업 현장에서 다년간 체득한 경험을 바탕으로, AI가 어떻게 무역의 전 과정을 다시 쓰고 있는지를 구체적으로 정리했다. 이를 통해 독자들은 무역의 변화를 피상적으로 이해하는 데 그치지 않고, 시장 조사 · 마케팅 · 물류 · 리스크 관리 · 통상 정책 등 실무 영역별로 어떤 기회와 도전이 존재하는지 구체적으로 확인할 수 있다.

이 책은 크게 세 부류의 독자를 염두에 두었다. 첫째, 무역의 최전선에서 바이어와 협상하고 공급망을 관리하는 무역 실무자다. 둘째, 기업의 미래 전략을 고민하는 경영자와 기업가다. 셋째, 정책 담당자와 연구자다. 각각의 독자에게 이 책은 효율화 도구, 전략 자산, 제도적 지침으로 기능할 것이다.

『AI와 무역』은 독자에게 두 가지 메시지를 전한다. 첫째, AI를 두려움의 대상이 아닌 실천의 도구로 받아들여야 한다는 것이다. 작은 시도라도 시작하는 순간, AI는 무역인의 역량을 증폭시키는 든든한 동반자가 된다. 둘째, AI는 포용적이고 지속 가능한 무역 질서를 만드는 기반이 되어야 한다는 점이다. 기술만 앞서가고 제도와 신뢰가 뒤따르지 못하면 가성장에 그치지만, 균형 잡힌 접근은 새로운 기회를 창출한다.

따라서 이 책은 단순한 해설서가 아니라, 실질적 통찰과 실행 전략을 담은 지침서로 읽히기를 바란다. 독자들은 이 책을 통해 AI가 무역 프로세스를 어떻게 바꾸는지 이해하고, 각자의 자리에서 이를 실행 가능한 전략으로 전환할 수 있을 것이다.

이 책을 집필하는 데 많은 분들의 도움이 있었다. 무역 업계의 목소리를 모아준 한국무역협회, AI · 데이터 컨설팅 전문 기업 한국IT마스터즈, 대한민국 IT를 선도하는 전문가그룹 POD기술사회의 도움에 깊은 감사를 표한다. 그리고 항상 뒤에서 든든하게 응원해 주신 가족과 동료들에게 진심으로 감사드린다.

01
AI와 통상 환경 변화

통상 환경이 '하나의 지구, 하나의 시장'을 지향하던 자유 무역 체제에서 자국 이익을 최우선으로 하는 보호 무역 체제로 급격히 전환되고 있다. 이러한 탈세계화 국면에서는 과거의 성공 공식이 더 이상 통하지 않는다. 한국 경제가 나아가야 할 길은 명확하다. 바로 AI 기반의 기술 주도 성장이다. 경제 전반의 근본적인 체질 개선 없이는 현재의 위기를 극복하기 어렵다.

기후 위기와 인공지능?

통상 환경 대변환, 탈세계화

지난 10여 년간 세계 경제는 연이은 충격과 구조적 변화의 소용돌이에 휘말렸다. 각국의 비교우위를 기반으로 효율성을 극대화하던 글로벌 분업 체제가 종말을 고하고, 자국 이익을 우선시하는 탈세계화로 패러다임이 이동하고 있다.

그 시작점은 트럼프 행정부 1기와 함께 본격화된 미중 무역 전쟁이었다. 미국이 중국산 제품에 최대 25%의 관세를 부과하자, 중국이 보복 관세로 맞대응하면서 양국 간 경제적 단절이 현실화되었다(PIIE, 2022). 이 과정에서 다국적 기업들은 중국 의존도를 줄이고 공급망을 다변화하기 시작했고, 베트남을 비롯한 동남아시아 국가들이 반사 이익을 거두게 되었다. WTO 가입 이후 20여 년간 '세계의 공장' 역할을 해 온 중국의 절대적 지위에도 균열이 생기기 시작한 것이다.

코로나19 팬데믹은 이러한 변화를 더욱 가속화시켰다. 2020년 세계 상품 교역이 9% 감소하고, 여행 · 운송 등 서비스 부문이 50% 이상 위축되는 초유의 사태가 벌어졌다(WTO, 2021). 국경 봉쇄와 물류 대란은 그동안 글로벌 제조업의 표준이었던 저스트 인 타임(Just-in-Time) 모델의 치명적 약점을 드러냈다. 기업들은 효율성보다 안정성을 우선하는 저스트 인 케이스(Just-in-Case) 방식으로 전환을 서두르게 되었다. 한편, 비대면 거래의 확산으로 전자상거래와 디지털 서비스가 폭발적으로 성장하면서, 구글 · 아마존 · 엔비디아 같은 미국 빅테크 기업들이 새로운 패권 세력으로 급부상했다.

설상가상으로 2022년 러시아-우크라이나 전쟁과 중동 분쟁은 글로벌 공급망의 블록화를 더욱 심화시켰다. 각종 제재와 금수 조치로 핵심 기술과 희토류 등 전략 물자 교역이 위축되었고, 에너지와 광물의 무기화가 본격적으로 시작되었다. 러시아의 에너지 공급 중단, 중국의 희토류 수출 제한으로 각국은 국가 안보 차원에서 공급망 다변화에 나섰고, 2022년 원유 가격이 50% 이상 급등하는 충격을 경험했다(Zhang et al., 2024). 이에 따라 생산 시설을 자국으로 되돌리는 리쇼어링(Reshoring) 움직임이 확산되면서 글로벌 공급망 지도가 근본적으로 재편되었다.

그리고 트럼프의 재집권은 이러한 변화의 정점을 보여주었다. 그는 취임 72일 만에 '미국 경제 해방의 날'을 선포하고 전 세계 185개국에 10~50%의 관세를 일방적으로 부과했다(CNN, 2025). 이는 1930년대 스무트-홀리 관세법(Mitchener et al., 2022) 이후 가장 강력한 보호주의 조치로, 아이러니하게도 미국이 주도해서 만든 WTO 자유 무역 체제를 스스로 종결시키며 전 세계와 무역 전쟁을 선포한 것이다. 그 결과 국제 통상의 기본 원칙인 최혜국대우(MFN)와 자유무역협정(FTA) 등 기존 국가 간 협약들이 무의미해지고, 세계 경제는 극도의 불확실성에 휩싸이게 되었다.

일련의 통상 환경 대변환은 한국 경제에 심각한 부담으로 작용하고 있다.

체질 개선이 필요한 한국 경제

한국 경제는 수십 년간 수출이 앞에서 이끌고 제조업이 뒤에서 밀어주는 성장 공식으로 단기간에 수출 1조 달러 시대를 열었다. 수출이 경제에 미치는 영향은 단순한 숫자 이상이다. 수출은 국내 생산과 구매, 고용을 동시에 촉진해 전반적인 경제 성장을 견인하며, 해외 선진 기술과의 교류를 활성화하고 새로운 시장을 창출함으로써 규모의 경제를 달성하는 데 핵심적인 역할을 해 왔다.

특히 제조업은 한국 경제 성장의 든든한 주축이었다. '디지털 산업의 쌀'이라 불리는 반도체는 우리나라 글로벌 경쟁력의 기반이 되었고, AI 생태계 인프라의 중추 역할을 하는 고대역폭메모리(HBM) 시장에서는 한국 기업들이 세계 1, 2위를 차지하며 시장을 주도하고 있다. 조선과 방산 분야도 탄탄한 경쟁력을 확보하여 유럽에 자주포와 전차를 수출하고, 미 해군으로부터 함정 유지 보수(MRO) 사업을 맡을 정도로 기술력을 인정받고 있다.

비제조업 분야에서도 새로운 성장 동력이 등장하고 있다. K-팝과 K-드라마를 중심으로 한 한류 콘텐츠 수출이 급성장하면서 2024년 한류로 인한 수출이 151억 달러를 기록했다(전종근 · 김승년, 2025). 여기에 K-뷰티, K-푸드, K-패션 등 소비재 분야까지 확산되며 전통적인 제조업 중심의 수출 구조에 활력을 불어넣고 있다.

하지만 한국 경제의 체력이 점차 약해지고 있다. '중국의 추격이 거세다'는 표현조차 이제 옛말이 되었다. 반도체를 제외한 철강, 자동차, 석유 화학 등 한국의 전통 주력 산업에서 중국이 이미 앞서나가고 있는 실정이다(조선일보, 2025). 더욱 심각한 것은 급변하는 시장 환경을 따라가지 못하는 규제 체계와 글로벌 스탠더드에 미치지 못하는 산업 규범이 AI · 바이오 · 핀테크 등 신산업 성장에도 발목을 잡고 있다는 점이다. 스위스 국제경영개발대학원(IMD)의 2024년 세계 경쟁력 평가에서 한국이 67개국 중 20위를 기록했지만, 제도 효율성 부문에서는 39위라는 저조한 성적을 받은 것이 한국 경제의 현실을 잘 보여준다(IMD, 2024).

인구 구조 변화 또한 한국 경제에 무거운 짐이 되고 있다. 생산가능인구가 감소하는 동시에 세계에서 가장 빠른 속도의 고령화가 진행되면서 잠재 성장률 하락을 가속화하고 있다. 이로 인해 노동 시장과 소비 위축, 사회 안전망 부담이 가중되고, 고령화 관련 복지 지출과 일자리 대책 마련으로 국가 재정의 지속가능성까지 위협받고 있다. 여기에 높은 수준을 유지하고 있는 가계 부채는 금리 변동과 외부 충격에 대한 경제 전반의 취약성을 더욱 심화시키고 있다.

이처럼 외부의 거센 충격과 내부의 구조적 제약이 동시에 작동하는 상황에서, 과거의 성공 방식을 반복하는 전략은 더 이상 유효하지 않다. 우리에게는 완전히 새로운 성장 공식이 절실하다.

AI로 여는 신성장의 문

한국 경제는 지금 중요한 갈림길에 서 있다. 무역 의존도가 91%로 OECD 평균을 크게 웃돌아, 그만큼 외부 충격에 취약한 구조를 가지고 있다. 최근의 통상 환경 변화와 산업 경쟁력 저하는 성장의 발목을 잡고 있고, 인구 구조 변화는 미래를 더욱 불투명하게 만들고 있다. '위기'라는 표현이 결코 과장이 아닌 상황이다.

그런데 다행히 AI에서 반전의 기회가 보이기 시작했다. 무엇보다 한국의 AI 확산 속도가 놀랍도록 빠르다. 이미 한국 근로자의 64%가, 특히 무역 업계에서는 70%가 업무에 AI를 활용하고 있다. 이는 AI 종주국인 미국보다 두 배 이상 높은 수준이다. AI 보급 속도가 과거 인터넷보다 8배나 빠르다는 점과, 국가별 AI 준비도 조사에서 165개국 중 15위로 상위권을 차지한 사실은 한국이 기술 패러다임 전환의 최전선에 위치하고 있음을 보여준다(한국은행, 2025; 한국무역협회, 2025).

특히 AI는 고령화가 빠르게 진행되는 한국에서 노동력 감소 문제의 현실적 해법이 될 수 있다. IMF는 한국이 현재 추세로 인구가 감소할 경우 2050년까지 GDP가 16.5% 줄어들 것이라고 경고했다. 그러나 AI를 적극 도입해 노동력 공백을 메우고 생산성을 향상시킨다면 GDP를 최대 12.6%까지 높일 수 있다고 분석했다. 한마디로 고령화로 인한 경제 성장 둔화의 상당 부분을 AI로 상쇄할 수 있다는 것이다(IMF, 2025).

앞으로 한국 경제가 나아가야 할 방향은 분명하다. AI 기반의 기술 주도 성장이다. 첨단 산업에서 새로운 성장축을 세우고, 전통 제조업을 데이터 · 소프트웨어 · 서비스와 융합시켜야 한다. 산업 전반의 체질을 근본적으로 바꾸지 못한다면 한국 경제는 침체의 늪에서 헤어날 수 없다.

다행히 수출 산업 현장 곳곳에서 변화의 움틈이 감지되고 있다. AI 반도체와 첨단 패키징 기술이 반도체 산업의 새로운 기회를 열어주고 있고, 자동차 산업은 자율주행과 소프트웨어 중심 차량(SDV)으로 진화하고 있다. 기계 · 설비 분야는 고장을 예측하고 스스로 진단하는 지능형 장비로 탈바꿈하고 있다. 조선과 해운 업계는 자율 운항 선박과 스마트 조선소를 통해 다시 경쟁력을 확보해 나가고 있으며, 바이오 · 헬스 분야에서는 맞춤형 의료와 신속한 신약 개발이 현실로 다가오고 있다(한국무역협회, 2025).

다만 AI는 한국 경제에 '양날의 검'이라는 점을 간과해서는 안 된다. 데이터 활용 표준, 기술 책임 체계, 사회적 신뢰 기반이 제대로 마련되지 않는다면 천문학적 투자에 비해 실질적 성과가 없는 '가성장(假成長)' 위험에 빠질 수 있다. 반대로 이러한 기반이 단단히 갖춰진다면 반도체 · 첨단 장비 · 소재 부품으로 이어지는 밸류체인에서 다른 나라가 따라올 수 없는 초격차를 만들어 낼 강력한 성장 엔진이 될 수 있다.

가장 중요한 것은 변화의 방향과 속도다. 지금이야말로 한국 경제의 미래를 좌우할 결정적 선택의 순간이다.

참고문헌

전종근·김승년(2025). "2024 한류의 경제적 파급효과 연구". 《2024 한류 생태계 연구》. 한국국제문화교류진흥원. https://www.archivecenter.net/hallyuresearch/archive/srch/ArchiveNewSrchView.do?i_id=137071

조선일보(2025.7.21). ""韓 제조업 잃어버린 10년… AI로 일으키지 못하면 대부분 퇴출"". https://www.chosun.com/economy/industry-company/2025/07/21/R5UVR7VDLJEPVHL5S7UC3D23S4/

한국무역협회(2025). "AI 시대가 이끄는 한국 주력 수출 산업 변화". 《Trade Focus》, 11.

한국은행(2025). "AI의 빠른 확산과 생산성 효과: 가계조사를 바탕으로". 《BOK 이슈노트》, 2025-22.

CNN(2025.4.2). Key takeaways from Trump's 'Liberation Day' tariffs. https://edition.cnn.com/2025/04/02/economy/key-takeaways-from-trumps-liberation-day-tariffs

IMD(2024). 2024 World Competitiveness Ranking. https://productivity.gov.ng/wp-content/uploads/2025/03/WCY_Bookletv1_2024-1.pdf

IMF(2025). Transforming the Future: The Impact of Artificial Intelligence in Korea. IMF Selected Issues Paper. https://www.imf.org/en/Publications/selected-issues-papers/Issues/2025/03/04/Transforming-the-Future-The-Imp act-of-Artificial-Intelligence-in-Korea-562939

Mitchener, K. J.(2022). The Smoot-Hawley Trade War. *The Economic Journal, 132.*

PIIE(2022). China bought none of the extra $200 billion of US exports in Trump's trade deal. https://www.piie.com/blogs/realtime-economics/2022/china-bought-none-extra-200-billion-us-exports-trumps-trade-deal

WTO(2021). *World Trade Statistical Review 2021.* https://www.wto-ilibrary.org/content/books/9789287051493

Zhang, Q., et al.(2024). The impact of Russia-Ukraine war on crude oil prices: an EMC framework. *Humanities and Social Sciences Communications volume, 11.*

02

AI와 무역 혁신

AI를 활용한 빅데이터 분석으로 수입 물가가 안정되는 등 무역의 다양한 분야에서 혁신이 가속화되고 있다. 그러나 무역 실무 현장에서 AI 도입은 아직 초기 단계에 머물러 있고, '데이터 단절', '조직 문화 저항' 등 무형의 장벽을 넘어설 과제도 있다. AI 기반 플랫폼 기반으로 자동화된 무역 프로세스 적용을 통해 스타트업도 글로벌 무대에서 경쟁할 수 있는 환경이 마련되고 있다. 무역 혁신의 변곡점에서 결단의 시기가 왔다.

노래하는 AI 보컬?

AI가 안정시킨 수입 바나나 가격

매년 3월 대한민국의 바나나 가격이 슬금슬금 오르기 시작한다. 소비자는 이유도 모른 채 주말 장바구니 앞에서 인상을 찌푸린다. 그런데 2024년부터 바나나 가격이 더 이상 3월의 고공 행진을 하지 않는다(서울경제, 2024). 그 뒤엔 농식품 테크 전문 무역상사 트릿지(Tridge)의 AI 기술이 있었다.

트릿지는 "바나나 가격이 3월마다 15~20%가 급등한다"는 패턴을 발견하고 필리핀, 페루 등 기존 공급국을 벗어나 새로운 대안을 찾았다. 바나나의 계절성, 각국의 작황, 운송 · 관세 데이터를 조합해 '캄보디아'라는 대안을 AI가 찍어냈다. 가격 경쟁력은 물론 할당 관세까지 적용 가능한 캄보디아산 바나나는 국내 대기업들과의 협업 아래 기존 대비 20% 저렴한 가격에 한국에 들어와서 소비자에게 사랑받는 신상이 되었다. 방대한 데이터와 경쟁력 있는 알고리즘, 그리고 현장에서 실행의 용기가 결합될 때 인공지능의 힘은 무역을 혁신한다.

시대마다 무역의 혁신은 '연결'을 더 효율적으로, 더 정확하게 실현하는 기술에서 시작되었다. 컨테이너의 표준화로 해상-육상 운송의 물리적 벽이 허물어지고, RFID(Radio Frequency Identification, 무선 주파수를 이용해 사물의 정보를 비접촉식으로 인식하는 기술)로 물류의 실시간 가시성이 높아졌으며, B2B 전자상거래로 국경을 넘어 거래선을 손쉽게 찾는 능력을 갖추었다. 오늘의 AI 혁신은 바로 그 '연결'의 게임을 데이터와 예측, 그리고 자동화라는 방식으로 완전히 다시 쓰고 있다.

무역, 아직은 '부분 자율주행 단계'

자동차 자율주행은 1단계(운전자 보조)부터 5단계(완전 자율)까지로 구분된다. 자율주행을 기준으로 본다면, 무역업은 여전히 2단계(부분 자동화) 언저리에 머물러 있다.

그간 종이 없는 국제 거래(Paperless Trade), 전자 정부 정책으로 혁신한 프로세스, 기업 ERP(전사적 자원 관리)와 SCM(공급망 관리) 정보 시스템의 확산 등으로 무역 업무는 분명히 개선되었다. 하지만 프로세스 사이의 단절로 데이터 파이프라인이 완전히 이어지지 않은 틈새는 아직도 존재한다. 수출입 서류 작성 및 발급이 대다수 자동화되었지만 갑작스런 거시 교역 환경 변화, 해외 바이어의 돌발적인 야간 컨퍼런스 콜 등은 여전히 무역업 종사자의 '야근'과 '발품'을 부른다. 드라마 미생 속 장그래가 발로 뛰어 문제를 해결하는 풍경은 오늘날에도 여전히 익숙하다.

이 현실은 수치로도 드러난다. 무역 업계 대상 설문 조사(강성은, 2025)에 따르면 무역 업계의 78%는 "AI 도입의 필요성을 체감한다"면서도, "AI 도입을 검토에 그치거나 한정적으로 적용"하는 비율이 68.7%다. 그럼에도 무려 87.1%는 "AI가 업무에 실질적 도움이 된다"고 답했다. 기술의 발전과 현실의 변화 사이에 여전히 간극이 있다. 서류는 디지털로 옮겼지만, 거래의 맥락은 여전히 '인간의 암묵지' 위에 놓여 있다.

글로벌 기업들의 AI 활용 현황을 볼 때도, 기대와는 달리 도입과 내재화 수준이 이질적으로 나타난다. 전 세계 기업들의 AI 도입 현황을 분석한 결과(McKinsey, 2025), 조직 전체 차원의 실질적인 AI 내재화는 초기 단계에 머물러 있다는 진단이다. 생성형 AI에 적합한 창의 기반 업무 부문에서는 빠르게 자리 잡았으나 전통적 운영 부문에서의 AI 적용은 더디게 진행되는 등 분야별로 확산 속도에 차이를 보이고 있다. AI가 특히 두각을 보이는 영역은 콘텐츠 및 아이디어 생성, 마케팅 기획 등 창의 기반 업무에서다. 이들 부문에서는 20~40%의 높은 활용도가 확인되지만, 공급망, 재고 관리 등 전통적 물리 영역에서는 인프라와 데이터 연계의 한계로 10% 내외의 낮은 도입률에 머무르고 있다.

제조업에서도 유사한 경향이 드러난다. 중소기업의 스마트 제조 혁신 실태 조사 결과(중소벤처기업부, 2025), 국내 제조 중견·중소기업 중 제조 인공지능을 실제 도입한 기업은 전체의 0.1%에 불과했다. 디지털 전환이 확산되고 있다는 사회적 인식과 달리, 변화 리스크를 걱정하는 현장에서는 AI가 아직 낯선 존재인 셈이다. 이는 국내외를 막론하고 AI의 도입이 기술적 가능성만큼이나 '현장의 보수성', '데이터의 단절', '조직 문화의 저항' 등 무형의 장벽에 맞닥뜨려 있다는 것을 방증한다. 혁신의 파도는 분명 밀려오고 있지만, 그 속도와 깊이는 현장과 산업별로 천차만별이다.

AI, 무역의 진입 장벽을 허물다

그렇다면, AI는 무역업에 어떤 새로운 가능성을 가져오는가? 현시대 가장 큰 장벽인 '정보 격차'가 무너진다. 데이터의 초고속 분석, 맞춤형 시장 예측 그리고 자동화된 거래·결제는 이제 소수의 대기업만이 아니라, 중소기업과 1인 스타트업도 동등하게 누릴 수 있는 무기가 되었다.

예를 들어, 해외 시장 개척의 첫 관문인 시장 조사는

더 이상 오랜 시간과 막대한 출장비를 투자하는 중노동이 아니다. 구글이 제공하는 글로벌 시장 조사 플랫폼 '구글 트렌드(Google Trends)'나 '구글 마켓 파인더(Google Market Finder)'는 AI 기반의 데이터 수집 · 분석 역량을 앞세워 무역 실무자에게 현지 트렌드, 잠재 수요, 국가별 성장 가능성까지 한눈에 보여준다(Think with Google). 특정 상품이 어느 국가에서 각광받고 있는지, 경쟁사들이 어떤 마케팅 메시지로 소비자를 사로잡고 있는지, 클릭 몇 번이면 모두 실시간으로 시각화된다.

예컨대 미국 시장 진출을 고민하는 한국의 중소 식품기업이라면 구글 마켓 파인더를 활용해 현지에서 '냉동김밥'에 대한 검색량 변화, 연령별 선호도, 지역별 관심도 등을 수치와 그래프로 제공받을 수 있다. 출장 대신 사무실에서 클릭만으로 미국 주 · 도시 단위까지 시장 기회를 포착하고, 바이어의 요구와 소비 트렌드까지 디테일하게 맞출 수 있는 시대가 이미 열렸다. 이는 감에 의존하던 과거 방식과는 전혀 다른 차원의 경쟁력이다. 현장 발품의 한계를 넘는, AI와 데이터가 결합된 새로운 시장 조사의 문법이 무역업을 재구성하고 있다.

또 하나, 무역의 패러다임을 바꾸는 사례는 AI와 자동화 도구가 결합된 '드롭 시핑(Drop Shipping) 온라인 무역'이다(Shopify, 2024). 판매자가 재고 없이도 주문과 동시에 해외 공급처에서 제품을 소비자에게 직배송하는 모델로, 과거 소규모 업체는 꿈꾸기 어려웠던 글로벌 진출을 가능하게 했다. 쇼피파이(Shopify), 아마존 FBA 같은 플랫폼은 AI 추천과 물류 자동화를 결합해, 판매자는 마케팅에 집중할 수 있게 하며, 소기업도 틈새 브랜드로 수출을 시작할 수 있도록 도와준다. 더 이상 '수출=대기업'이라는 공식이 통하지 않는다. 미생의 장그래가 종합무역상사에서 퇴사하고 무역 업체를 창업했듯이, 소기업도 AI를 무기로 틈새 브랜드를 기반으로 한 수출 첫걸음을 시작할 수 있다. 이처럼 AI는 기존 무역 현장의 진입 장벽을 허물고 있다.

무역 금융에도 AI가 상용화되고 있다. 하나은행은 국내 시중은행 최초로, 인공지능을 활용해 수출 기업의 환어음 매입 심사를 자동화하는 시스템을 도입했다(하나은행, 2024). 과거에는 기업이 환어음 할인 심사를 위해 일일이 서류를 제출하고, 담당자가 수작업으로 신용 정보와 무역 거래 이력을 평가해야 했다. 그러나 하나은행의 AI 시스템은 기업의 신용 등급, 과거 수출입 거래 데이터, 거래 상대방의 위험도 등을 실시간으로 종합 분석해, 몇 분 만에 심사 결과를 산출한다. 덕분에 기업은 기존보다 훨씬 빠른 속도로 자금을 조달할 수 있고, 금융기관은 잠재적 부실 리스크를 조기에 탐지해 안정적인 거래를 지원할 수 있게 됐다. 이러한 AI 기반 무역 금융 자동화는 중소·중견기업에도 글로벌 시장 진출의 문턱을 낮춰주고 있으며, World Economic Forum 역시 "AI가 신용 평가·무역 금융 심사의 효율성과 투명성을 혁신적으로 끌어올리고 있다"고 평가한다(World Economic Forum, 2025).

지금이 무역 혁신의 변곡점

AI는 기존의 컨테이너, RFID, 전자상거래보다 혁신적으로 무역업의 일하는 방식을 바꾼다. '직감'에서 '데이터 기반 의사결정'으로, '수동적 대응'에서 '선제적 전략'으로. 글로벌 공급망 다변화, 디지털 통상 확장, 블록체인 기반 무역 결제 혁신까지 AI는 무역업의 전 과정에 관여한다.

AI의 진화 속도는 숨이 막힐 정도로 빠르다. 저자 스스로도 "이 책이 출간될 즈음엔 오늘의 신기술이 이미 구식이 될지 모른다"고 우려한다. 하지만 분명한 것은, AI의 진화가 빠르기 때문에 더욱더 먼 미래의 이야기가 아니라는 점이다. 정보 격차 해소, 거래 자동화, 신속한 시장 진입, 이 모든 것이 실무의 영역에 이미 도달해 있다. 앞서 빌 게이츠가 "AI 에이전트가 5년 내 컴퓨팅과 비즈니스, 사회를 완전히 바꿀 것"이라고 예견한 것도 같은 맥락이다(Gates, 2023).

이 지점에서 한국 무역 업계가 취해야 할 전략은 분명하다. 첫째, 단순한 파일럿 도입을 넘어 데이터 파이프라인과 조직 프로세스를 전면 재설계해야 한다. 둘째, '기술'보다 '태도'의 전환이 더 중요하다. AI를 일회성 도구로 쓰는 데 그칠 것이 아니라, 실무와 의사결정 전반에 내재화해야 한다. 셋째, 정부 · 민간 차원의 공동 플랫폼인 '무역 특화 버티컬 AI'를 구축하여 수출 중소기업도 데이터 · AI 생태계에 접근할 수 있도록 해야 한다.

AI 무역 혁신의 미래는 기술 격차뿐만 아니라 태도와 실행력의 격차로 결정된다. 따라서 실무자는 "나는 AI를 내 업무의 언어로 얼마나 통합하고 있는가"를, 관리자는 "AI의 파도에 올라탈 것인가, 휩쓸릴 것인가"를 스스로 물어야 한다. 이 질문에 대한 답이 한국 무역 업계의 생존 전략이자 경쟁 우위가 될 것이다.

참고문헌

강성은(2025). "AI 시대가 이끄는 한국 주력 수출 산업 변화".

《Trade Focus》, 2025년 11호. 한국무역협회
서울경제(2024.4.5). "빅데이터가 콕 집은 캄보디아산 바나나… '金사과' 빈자리 채웠다". https://www.sedaily.com/NewsView/2D7SMVV5FP
중소벤처기업부(2025). "2024년 스마트제조혁신 실태조사 결과". https://www.mss.go.kr/site/smba/ex/bbs/View.do?cbIdx=86&bcIdx=1058493
하나은행(2024). "하나은행, 금융권 최초 수출환어음매입 업무에 자체 개발 AI 기술 도입한다". https://hit.hanati.co.kr/m/ko/about/press/view?seq=58
Shopify(2024). "드랍쉬핑 풀필먼트 종합 가이드". https://www.shopify.com/kr/blog/dropshipping-fulfillment
Gates, B.(2023). AI is about to completely change how you use computers. Gatesnotes. https://www.gatesnotes.com/ai-agents
McKinsey(2025). The State of AI: How organizations are rewiring to capture value.
Think with Google. https://www.thinkwithgoogle.com/intl/ko-kr/
World Economic Forum(2025). Artificial Intelligence for Efficiency, Sustainability and Inclusivity in TradeTech. Insight Report.

03
AI와 시장 조사

AI는 단순한 도구의 진화를 넘어 무역업의 '시장 조사 방식' 자체를 재편하고 있다. 과거 사람이 데이터를 쫓던 시대에서, 이제는 데이터와 AI가 사람에게 '어떤 기회를 선택할 것인지' 제안하는 시대로 전환되었다. 누군가는 여전히 인터넷 검색과 보고서 작성으로 며칠을 허비하지만, AI를 활용하는 무역인은 몇 번의 프롬프트 입력만으로 체계적인 시장 조사 보고서를 받아든다. 물론 AI가 구축한 데이터 위에 반드시 '사람의 통찰'이 더해져야 비로소 완성된다.

인공지능과 편향?

수출 첫 단추를 끼우는 AI

첫 단추를 잘 끼워야 한다는 진리에는 이견이 없다. 해외 시장 개척에서 그 첫 단추는 바로 '시장 조사'다. 과거에는 해외 전시회 참가가 대표적 방법이었으나, 때로는 예기치 못한 위험이 뒤따랐다. 필자도 동남아 한 전시회에서 현지 유통상으로 믿고 비즈니스를 협의했던 인물이 경쟁사 지사장이었음을 뒤늦게 깨달은 뼈아픈 경험이 있다. 현지 사정을 모르고 네트워크 구축에 급급한 나머지, 우리 측 전략만 고스란히 노출하는 실수를 하였다. AI 시대의 시장 조사는 완전히 다르다. 예산과 인력이 부족한 스타트업도, 경험이 짧은 초보 무역인도 방대한 데이터를 기반으로 시장을 탐색하고 위험을 줄이며, 기민하게 전략을 수정할 수 있다.

해외 시장 조사는 본질적으로 복잡한 퍼즐이다. 아이템 발굴부터 국가별 시장 규모, 소비 트렌드 파악, 경쟁사 분석, 수출입 인증 조건, 비관세 장벽까지 여러 요소가 얽혀 있다. 이 중 어느 하나라도 소홀히 하면 결과는 가혹하다. 2020년 인도에 수출하던 기업들이 크게 낭패를 당한 사례가 대표적이다. 인도 정부가 기존의 '수입 신고제'를 '사전 수입 허가제'로 갑작스레 전환하면서, 이미 선적한 타이어와 TV가 항구에 발이 묶였고 수출 기업들은 속수무책이었다(연합뉴스, 2020). 신시장 진출에서는 이 같은 숨은 암초가 비일비재하여 한순간에 게임의 판을 뒤흔든다. 바둑에 '착안대국 착수소국(着眼大局 着手小局)'이라는 말이 있다. 판을 넓게 보되 실행은 작게 하라는 뜻이다. AI 시장 조사는 이러한 전략적 사고와 놀라운 기민함을 모두 가능하게 한다. 과거처럼 초기에 비용과 시간을 과도하게 투자하여 기회 비용을 키우기보다, AI로 넓고 빠르게 탐색한 뒤 실행하면서 즉각 전략을 수정할 수 있다.

기성품 AI 서비스 이용, 클릭 몇 번의 힘

AI 시대의 시장 조사는 더 이상 리서치 전문가만의 영역이 아니다. AI 활용이 아직 익숙하지 않은 기업에는 '기성품 AI 서비스' 활용을 추천한다. 무역 관련 기관과 온라인 플랫폼의 시장 조사 솔루션만 제대로 활용해도 예산·인력의 한계를 상당 부분 극복할 수 있다.

대표적으로 구글 트렌드(Google Trends)나 브랜드워치(Brandwatch)는 소비 트렌드, 지역별 인기, SNS 분석 결과를 시각화해 제공한다. 예를 들어, K-푸드 수출 기업이 미국 냉동식품 시장을 조사할 때, 연령별 선호도, 지역별 관심도, 검색량 추이까지 한눈에 확인할 수 있다.

번거로운 출장 대신 모니터 앞에서, 막연한 직감 대신 구체적인 수치로 시장을 선택하는 것이다. 스태티스타(Statista), 아이비스월드(IBISWorld) 등 시장 조사 플랫폼은 LLM 인터페이스를 도입해 "독일 친환경 포장재 시장의 연평균 성장률과 주요 바이어 구조는?" 같은 자연어 질문에도 즉시 답한다.

공공 기관의 서비스도 주목할 만하다. 한국무역협회는 수십 년간 축적한 무역 상담 빅데이터를 AI와 연계하여 24시간 이용 가능한 'AI 무역 상담 서비스 TradePro'를 무역 업계 최초로 내놓았다. 특히 AI에게 RAG 기반으로 무역 법령과 실무 매뉴얼까지 학습시켜 답변의 신뢰도를 높였다(한국무역협회, 2024). 대한무역투자진흥공사(KOTRA)도 '트라이빅(TriBIG)' 서비스에서 AI 기반 유망 시장 및 바이어 자동 추천을 제공한다.

이처럼 AI 내장 시장 조사 플랫폼은 실시간 트렌드 분석부터 비관세 장벽, 인증 절차 조사까지 '클릭 몇 번'이면 정보를 뽑아낸다. 단, 각 서비스의 '데이터 최신성'과 '분야별 상세 정보'는 꼼꼼히 확인해야 한다. AI가 아무리 매끈한 보고서를 만들어도 시기를 놓친 데이터로는 올바른 시장을 선택할 수 없다.

커스텀 GPT 활용, 프롬프트 한 줄의 힘

시장 조사에 생성형 AI를 활용하면 일하는 방식이 근본적으로 바뀐다. 과거에는 브라우저와 엑셀, 워드를 오가며 복잡한 데이터를 수작업으로 정리했지만, 지금은 ChatGPT나 Perplexity에 질문만 던져도 커피 한 잔 내릴 시간에 정제된 보고서를 받는다. 필자가 ChatGPT를 시장 조사에 꾸준히 활용해 온 경험으로는, 최근 성능이 눈에 띄게 향상되었다. 최신 모델(o3, GPT-5)이 등장하면서 단순 답변을 넘어 '추론(Chain of Thought)'까지 지원하기 때문이다.

가령 "인도네시아 스마트폰 시장을 조사해 줘. 특히 자바 지역 MZ 세대의 선호 브랜드와 가격대를 표로 정리해"라고 입력하면, 요구한 정보에 더해 '현지 10대의 구매 결정 요인, 교체 주기, 사용 패턴'까지 첨부해 준다. 심지어 중간에 "지역을 자카르타로 한정할까요?"라는 확인 질문, 완료 후에는 "인도네시아 MZ가 선호하는 통신사도 추가 조사할까요?"라는 제안까지 던진다. 박사급 분석가가 비서 역할까지 겸하는 느낌이다.

프롬프트 작성의 핵심 원리는 'Garbage In, Garbage Out(쓰레기를 넣으면 쓰레기가 나온다)'이다. 질문이 모호하면 결과도 모호하다. 이를 위해 별도로 프롬프트 엔지니어링을 공부할 수도 있겠지만, 간단히 '~로서, ~를, ~해 줘' 공식만 지켜도 충분하다. "인도네시아 화장품 시장 조사해 줘"보다는 "기초 화장품 해외 마케팅 담당자로서 인도네시아 20대가 선호하는 화장품 시장을 분석하고 브랜드 · 가격대 · 스펙은 표로 정리해 줘"처럼 역할 · 목적 · 결과를 명확히 하는 것이 핵심이다. 한 줄 프롬프트가 보고서 품질을 가른다.

반복 작업을 줄이고 보고서 스타일을 일관되게 유지하려면 커스텀 GPT를 제작해 보고서 양식을 '업무 지침'으로 설정해 두면 좋다. 업무 특성에 맞춘 페르소나를 구축하면 AI가 수년간 함께 일한 동료처럼 사용자 의도를 파악한다. 현재 300만 개가 넘는 맞춤형 GPT가 만들어져 있고, 일부는 GPT 스토어에 공개되어 무료로 이용 가능하다. 삼성SDS의 '첼로스퀘어' GPT는 국제 물류에 특화하여 컨테이너 운임, 적재 최적화, 물류비 견적을 실시간 제공하며 현장에서 널리 활용되고 있다(삼성SDS, 2024).

여러 생성형 AI 서비스를 연계하면 생산성과 정확성이 더욱 높아진다. Perplexity로 신뢰할 만한 데이터를 추출하고, 이를 바탕으로 ChatGPT에서 보고서를 작성한 후, Felo AI로 문서 디자인까지 완성하면 시장 조사

전 과정을 AI로 빠르고 정확하게 처리할 수 있다.

진실성과 기민함이 필요한 AI 시장 조사

AI가 아무리 진화해도 경계해야 할 약점이 있다. 바로 '환각(Hallucination)' 현상이다. AI는 답을 주려는 의지가 너무 강해 자신이 모르는 분야에서도 그럴듯한 가짜 데이터를 만들어 낼 수 있다(Danry et al., 2024). 특히 해외 통계, 인증 규정 등 '정확성'이 생명인 정보는 반드시 교차 검증해야 한다. 그렇다고 과도하게 두려워할 필요는 없다. '호랑이 굴에 들어가야 호랑이를 잡는다(不入虎穴 不得虎子)'는 말처럼 적절한 위험 감수 없이는 새로운 시장의 기회도 놓친다. 오히려 AI는 '미지의 길에서 두려움 없는 첫걸음'을 비추는 등불이다. 시장의 판을 넓게 보고, 작게 실행하며, 오류는 즉시 수정하는 기민함—'애자일(Agile)', 이것이 AI 시대 무역인의 생존 전략이다. AI의 지능에 인간의 지혜가 더해지면, 수출의 첫 단추는 제자리에 단단히 채워진다.

참고문헌

삼성SDS(2024.11.11). "첼로스퀘어, GPT서비스 AI기반 물류 리스크 센싱 기능 오픈".

https://www.cello-square.com/kr/news/view-266.do
연합뉴스(2020.8.29). “인도 TV·타이어 수입 제한 ‘무역 빗장’… 한국 기업에도 ‘불똥’”.
https://www.yna.co.kr/view/AKR20200829053200077
한국무역협회(2024.10.7). “무협, 국내 최초 생성형 AI 활용 무역 상담 개시”.
https://www.kita.net/board/pressData/pressDataDetail.do?no=11652
OpenAI(2024.1.10). “GPT Store를 소개합니다”.
https://openai.com/ko-KR/index/introducing-the-gpt-store/
Danry V., et al.(2024). Deceptive AI systems that give explanations are more convincing than honest AI systems and can amplify belief in misinformation. Cornell University.

04
AI와 마케팅

마케팅은 발신자 중심의 일방향 시대를 넘어, 수신자의 시선에서 출발하는 정교한 소통의 시대로 진입했다. AI는 소비자가 남기는 클릭, 검색, 체류 같은 미세한 신호를 실시간으로 읽고, 이를 바탕으로 메시지 · 타이밍 · 채널을 정밀하게 조율해 초개인화 경험을 설계한다. 다만, 기술의 속도와 영향력이 커질수록, 이를 다루는 사람의 판단력과 책임은 더욱 중요해진다.

청각장애인과 AI?

고객 중심의 초개인화

마케팅의 역사는 '누구에게, 무엇을, 어떻게' 전달하는 매체의 변화와 함께해 왔다. 1990년대 대중 매체 캠페인은 도달률을, 2000년대 온라인 타기팅은 세그먼트 세분화를 목표로 했지만, 이제 그 중심은 AI가 주도하는 '초개인화'로 이동했다. 과거에는 기업이 메시지를 기획해 일괄 송출하는 발신자 중심이 지배적이었으나, 오늘의 마케팅은 소비자의 미세한 신호를 먼저 포착하고 AI가 그 맥락을 해석해 광고 카피 · 타이밍 · 채널을 동적으로 재구성하는 '수신자 중심'의 작동 원리로 재편되고 있다.

전통적인 해외 시장 진출은 현지 파트너 발굴, 유통 채널 선정, 현지 유통망 확보, 그리고 프로모션이라는 정해진 절차를 따랐다. 특히 현지 파트너 발굴에서는 해외 상공회의소 발간 책자와 전시회 참가 기업 명단을 뒤져 바이어 이메일을 모으고, 온라인 옐로우북 검색 결과를 엑셀에 옮겨 적는 수작업에 의존했다. 그렇게 확보한 고객 명단으로 무차별적으로 반복하여 메일을 보냈다. 이러한 벌크 마케팅(고객 입장에서는 스팸 메일)의 성과는 기대 이하였다. 100개의 이메일 중 고객이 열어보는 것은 20개, 개봉 후 관심 있게 내용을 읽고 액션을 취하는 경우는 5개에 불과한 결과를 보였다(Martal Group,

2025).

그러나 AI는 고객의 관심사를 파악해 맞춤형 콘텐츠를 적시에 제공하며 구매 결정까지 이끄는 '잠재 고객 육성(Lead-Nurturing)'을 가능하게 한다. 예컨대 AI 기반 메일 발송 서비스는 수신인의 기존 피드백과 SNS를 읽고 '맞춤 인사말'을 문장 첫머리에 삽입한다. 덕분에 받아본 사람은 "단순 스팸 메일이 아닌가?" 하는 의심을 덜게 된다. 게다가 보낸 사람 이름, 서브 도메인, 발송 간격까지 자동으로 조절해 스팸 필터를 피해간다.

이러한 개인화와 자동화를 통해 얻는 가치는 바로 '신속성'이다. 과거 분기나 월 단위 통계를 기반으로 하던 의사결정이, 개인의 클릭 · 체류 · 장바구니 정보까지 반영하는 실시간 조정으로 전환되며, 메시지는 단순 송신이 아니라 피드백과 개인화가 반복되는 순환 구조를 이룬다. 이제 해외 마케팅의 경쟁력은 "누가 더 많은 연락처를 확보했는가"가 아니라 "누가 더 정확하게 연결했는가", 즉 맥락 기반의 정합도를 얼마나 높였는가로 귀결된다.

한류 수출에 기여한 AI 추천 시스템

특히 플랫폼 기반의 소비재와 콘텐츠 수출에서 AI 초개인화 기술이 성과를 발휘하고 있다. 넷플릭스 같은 글로벌 스트리밍 플랫폼에서 한국 드라마와 애니메이션이 세계 시장을 석권하며 한류를 세계적으로 재 확산시키고 있다. 그 덕분에 온라인 커머스 플랫폼을 통한 화장품, 라면 등은 수출 성장률이 급상승세를 보였다. 이러한 성장 뒤에는 정교한 AI 기반 마케팅이 자리하고 있다.

플랫폼의 추천 시스템에서 핵심은 업셀링(Up-selling)과 크로스셀링(Cross-selling)을 통해 고객 당 노출과 매출을 증대하는 전략이다. 업셀링은 고객이 계획한 구매보다 더 고급화된 제품 버전을 추천하는 방식으로, 단순한 고가 제품 판매가 아니라 고객의 선호를 정밀 분석해 더 나은 가치를 제안하는 과정이다. 크로스셀링은 기존 구매 제품과 연관된 다른 카테고리의 보완재를 추가 판매하는 전략으로, 예컨대 K-뷰티 제품 구매 고객에게 스킨케어 도구나 관련 액세서리를 제안하는 방식이다.

이를 활용하여 기존 고객의 추가 구매를 일으키면 신규 고객 유치보다 5~25배 더 비용 효율적이면서도 높은 성과를 보이는 것으로 입증되었다(Harvard Business Review, 2014). AI는 이러한 전략을 한층 정교하게 구현한다. 고객의 과거 구매 이력, 검색 패턴, 심지어 콘텐츠 시청 습관과 '좋아요' 클릭 타이밍까지 종합 분석해 개인별 최적화된 상품 추천 알고리즘을 구동한다(IBM, 2024). 구매 후에는 감사 메시지 발송, 제품 사용 가이드 제공, 만족도 조사 등의 후속 조치가 자동화되어 마케터는 더 전략적 의사결정에 집중할 수 있게 된다.

알리바바, 아마존 등 쇼핑몰이 독점하던 온라인 커머스 시장은 인스타그램, 틱톡 같은 1인 미디어까지 참여하면서 전에 없이 경쟁이 치열해졌고, 이제는 실시간 데이터 분석을 통해 캠페인별 카피, 비주얼, 발송 시점까지 동적으로 최적화하는 수준에 도달했다. 이는 단순한 대량 마케팅을 넘어 개별 소비자의 구매 여정을 예측하고 맞춤형 경험을 제공하는 초개인화 마케팅의 단계라 할 수 있다. K-뷰티와 K-콘텐츠의 글로벌 성공은 우수한 제품력에 AI 초개인화 마케팅이 더해진 대표적 사례다.

기업·공공 AI 마케팅으로 디지털 전환

해외 마케팅 콘텐츠 제작은 상당한 시간과 예산을 요구하는 작업이었으나, 생성형 AI의 도입으로 전환점을 맞고 있다. 기업들은 이제 AI를 활용하여 제품 소개서, 블로그 콘텐츠, 소셜미디어 게시물을 효율적으로 생성하고 있다. 한국어로 작성된 제품 소개서를 AI 번역 기술로 다국어 버전으로 실시간 변환하거나, 소셜미디어용 비주얼과 광고 카피를 AI가 생성하여 현지 문화적 맥락에 맞추는 것이 일반화되었다. 나아가 AI 에이전트 서비스를 통해 사내에 개발자가 없어도 다국어 지원 웹사이트를 구축하는 수준에 이르렀다.

홍보 영상은 시각 · 청각 · 텍스트의 융합이 필요한데 멀티모달(Multimodal) AI는 이를 자연스럽게 결합한다. 일례로, 3D 가상 모델 생성기와 음성 합성 기술을 활용하면, 비싼 모델을 섭외하여 촬영하지 않고도 현지어로 제품을 소개하는 영상이 완성된다. AI가 생성한 인물은 미묘한 표정과 억양까지 현지 문화에 맞춰 조정 가능하다. 동남아 시장을 목표로 하면 부드러운 미소와 천천히 고개를 끄덕이는 동작을 삽입해 신뢰 이미지를 강화하는 방식이다.

기업들의 AI 활용 마케팅은 이미 가시적 성과로 이어지고 있다. 닭가슴살 전문 브랜드 '아임닭'은 2023년 ChatGPT에 "아임닭 광고 콘티 재밌게 짜줘. 마케팅 타깃은 자취생, 아이 엄마, 직장인이야"를 요청하여 받은 답변을 별도 수정 없이 그대로 광고 영상으로 제작해 업계의 화제가 되었다(아시아경제, 2023). AI가 대사, 등장인물, 지문 작성을 담당하고 제작팀은 신속하게 영상을 제작하여 유튜브를 통한 입소문 효과(Viral Marketing)

를 얻어냈다.

공공 기관 역시 AI 마케팅 지원에 적극 나서고 있다. 한국무역협회가 운영하는 글로벌 B2B 사이트 'trade Korea'는 AI 기반 바이어 매칭 서비스로 해외 마케팅의 첫 관문인 바이어 발굴 프로세스를 혁신했다. 기존의 무작위 연락처 수집 방식을 탈피하여 회원 등급, 상품 특성, 거래 활동 정보를 종합 분석한 최적 바이어 자동 추천 시스템을 운영하여, 태국에 컬러 렌즈 수출 9만 달러, 온라인 전시관을 통한 스킨부스터 70만 달러 수출 계약 등 성공 사례가 축적되고 있다. 수원시는 전국 지자체 최초로 'AI 무역청'을 도입하여 중소기업의 수출 경쟁력 강화를 위한 종합 서비스를 제공한다. 단순한 정보 제공 수준을 넘어 수출 마케팅, 국제 교역 대응, 국제 통상 고도화 등 3대 분야 21종 업무의 자동화를 구현한 혁신적 시도로 평가된다(한국경제, 2025).

중소기업을 위한 AI 마케팅 툴

기업을 위한 AI 기반 마케팅 자동화 도구도 시장에 앞다투어 선보이고 있다. 어도비(Adobe)의 파이어플라이는 LLM 인터페이스를 도입해, "밝은 피부톤의 긴 머리 동양인이 화장품을 바르는 사진을 그려 줘"와 같은 문장 입력만으로 제품 홍보 이미지를 생성한다. 이는 전처럼 모델을 섭외하여 사진을 촬영하는 것에 비하여 십분의 일도 안 되는 시간과 비용으로 만든 것이다. 게다가 몇 번을 수정해도 모델의 불평을 들을 일도 없다.

여기서 어도비의 차별화 포인트가 있다. 기존에도 미드저니, DALL · E 등 유사 서비스가 있었지만, 어도비는 라이선스가 확보된 이미지를 제공하여 지적재산권 침해 우려를 해소했다. 한편, 클라우드 서비스 전문 기업 세일즈포스(Salesforce)는 자사 CRM 플랫폼에 '아인슈타인 GPT'를 도입했다. CRM을 통해 축적한 고객 데이터를 기반으로 이메일을 자동 생성하고, 통화 내용을 요약하며, 고객 맞춤형 시각 콘텐츠를 제작하는 초개인화 마케팅을 지원한다. 무역 업계에서 많이 쓰는 기업 정보 서비스 콤파스(KOMPASS)는 AI를 활용해 잠재 바이어를 발굴하고 거래 제안서 발송까지 지원한다.

마케팅 필수품인 거래 제안서 작성 또한 AI의 출현으로 기존 대비 현저히 간소화되었다. 한국형 AI 플랫폼 뤼튼(WRTN)은 '생산성 도구'를 특화 기능으로 지원하여 PPT 초안, SNS 게시물, 웹사이트 페이지 등 다양한 마케팅 문서 생성 도구를 제공한다. 담당자가 브랜드 콘셉트, 중점 홍보 사항 등의 마케팅 기획에 집중하면, AI가 복수의 시안을 신속하게 생성하여 해외 마케팅을 빠르게 준비할 수 있다. 웹사이트 최적화 전문 도구 SEMrush도 웹사이트 현지화, 검색 엔진 최적화(SEO), 키워드 광고 전략 수립을 통해 온라인 마켓 플레이스에서 중소기업의 성공 가능성을 높였다.

AI 활용의 명암, 컴플라이언스

괴테의 작품 「마법사의 제자」에서 젊은 마법사는 일을 쉽게 하려다 마법 빗자루를 통제하지 못해 오히려 곤경에 빠진다. 우리도 AI를 만능의 마법으로만 바라보지 말고 예상치 못한 역효과에 주의해야 한다.

개인정보를 활용하는 초개인화 마케팅에서는 GDPR(유럽 개인정보 보호법) 등 데이터 규제를 반드시 준수해야 한다. 일례로, 이메일 캠페인을 할 때 수신자의 사전 동의와 개인정보 암호화는 필수다. 동시에 AI 콘텐츠에 대한 소비자 반감도 고려해야 한다. 소비자의 57%가 AI보다는 사람이 만든 콘텐츠를 더 신뢰하고 있으며(Medium, 2025), 구글도 저품질 AI 콘텐츠를 필터링하는 알고리즘을 강화하고 있어 기계적으로 생성된 콘텐츠는 브랜드 이미지에 해가 될 수 있다.

법적 리스크 관리도 중요하다. 생성형 AI의 저작권 논란을 피하려면 어도비와 같이 저작권이 검증된 데이터로 만들어진 AI를 사용하거나 상업적 사용 권리를 명확히 확인해야 하며, AI 챗봇의 잘못된 답변으로 인한 브랜드 신뢰 타격을 막으려면 사람에 의한 검수와 통제 장치가 필수다.

결국, AI를 활용하는 마케터의 윤리적 판단이 중요하며, 인간이 AI를 주도하기 위해서는 노련한 마법사와 같은 과유불급(過猶不及)의 지혜가 필요하다.

참고문헌

아시아경제(2023.6.21). “닭가슴살 브랜드 ‘아임닭’, 국내 최초 챗GPT가 만든 광고 영상 공개”. https://m.news.nate.com/view/20230621n07649?mid=m02

한국경제(2025.1.31). “인공지능 활용 확대하는 지자체들… ‘AI 무역청’까지 등장”. https://www.hankyung.com/article/202501315155i

IBM(2024). “추천 엔진이란 무엇인가요?”. https://www.ibm.com/kr-ko/think/topics/recommendation-engine

Harvard Business Review(2014). The Value of Keeping the Right Customers. https://hbr.org/2014/10/the-value-of-keeping-the-right-customers

Martal Group(2025). Cold Email Statistics & Benchmarks 2025. https://martal.ca/b2b-cold-email-statistics-lb/

Medium(2025). Decoding the AI Revolution – and Backlash – of UGC.
https://medium.com/ipg-media-lab/decoding-the-ai-revolution-and-backlash-of-ugc-60291e42fd8c

05
AI와 무역 리터러시

무역 현장에서는 한 통의 이메일과 한 장의 계약서가 거래의 성패를 가른다. 각국의 규범과 문화 차이를 이해하고 정확하게 소통하는 능력이 필수임에도 불구하고, 현실에서는 과중한 문서 업무와 시차, 언어 장벽에 시달려왔다. 이제 AI가 계약 표준 준수, 맞춤형 커뮤니케이션, 문서 작성 자동화를 통해 무역 리터러시의 수준을 한층 더 높이고 있다.

AI 콘텐츠 크리에이터?

거래 성패를 좌우하는 무역 리터러시

해외 바이어와 주고받는 이메일 한 통, 계약 조건이 담긴 문서 한 장이 거래 성패를 좌우하는 무역 현장에서 커뮤니케이션은 단순한 정보 전달을 넘어 관계를 유지하고 신뢰를 쌓는 핵심 수단이다. 그러나 실무자의 하루는 이메일과 문서 작성과 서류 검토로 대부분 채워진다. 출근과 동시에 열리는 메일함에는 밤새 도착한 문의와 요청이 수십 건씩 쌓여 있다. 긴급한 가격 협상, 선적 지연에 따른 일정 변경, 제품 사양 조정 등 성격과 긴급도가 다른 업무가 얽혀 있다.

이메일이 많다고 대충 대응할 수는 없다. 바이어와 주고받은 기존 협의 내용을 꼼꼼히 반영해야 하고, 문화권별 비즈니스 매너에 맞게 글의 톤과 형식도 조절해야 한다. 예컨대 미국 바이어에겐 요점을 빠르고 분명하게 전달하는 것이 중요하지만, 일본 바이어에겐 보다 격식 있고 공손한 표현을 써야 한다. 그래서 한때는 '비즈니스 메일 작성법'이 많은 무역인의 책상에 있었다.

문서 작성의 부담은 여기서 끝나지 않는다. 견적서와 계약서는 거래 조건에 따라 맞춤 작성해야 하며, 각국 규정과 통관 요건에 맞춘 표현과 단위까지 신경 써야 한다. 전문 용어가 잘못 쓰이거나 수치 표기가 바뀌면 계약 조건이 달라져 분쟁의 씨앗이 된다. 실무자는 이런 오류를 막기 위해 서류를 여러 번 검토하지만, 반복되는 작업과 긴장 속에서 피로가 누적된다. 결국 신속성과 정확성을 동시에 지키기 어려운 구조다. 작은 실수 하나가 선적 지연, 벌금, 계약 파기 등 금전 손해로 이어질 수 있는데, 의사소통의 상당 부분이 수작업에 의존하고 있다. 그러다 보니 "무역 리터러시와 생산성을 동시에 향상하는 방법이 없을까?" 하는 목소리가 현장에서 커진다.

국제 상거래 계약 표준, 비엔나 협약

어느 분야든 표준 계약서가 있다면 일이 훨씬 쉬워진다. 그래서 무역 업계를 위해 만들어진 표준 계약이 바로 비엔나 협약(CISG)이다. '국제 물품 매매 계약에 관한 유엔 협약'으로 UN이 1980년 오스트리아 비엔나에서 국제 공통 규칙으로 제정하였다. 이 협약은 서로 다른 나라의 기업이 물건을 사고팔 때 기본법(Default Law)으로 적용된다.

이 협약이 필요한 이유는 간단하다. 나라마다 계약과 분쟁 해결 기준이 다르면, 거래 과정에서 '어느 나라의 법을 적용할 것인지'를 두고만 수개월을 허비할 수 있기 때문이다.

예를 들어 한국 기업이 미국에 냉동식품을 수출했는데, 계약서에 교환 · 환불 조건을 상세히 명시하지 않았다고 가정해 보자. 물품이 도착한 후 일부 불량이 발견되면, 각국의 상법이나 거래 관습이 다르므로 분쟁 발생의 여지가 크다. 그러나 양국 모두 CISG 회원국이라면 협약의 규정이 우선 적용된다. CISG는 "합리적인 기간 안에 하자 통지를 해야 하며, 수리 · 교환 · 환불 중 합의된 방법으로 처리한다(CISG 제39조)"고 명시하고 있어, 불필요한 법적 다툼 없이 해결 절차를 진행할 수 있다.

실제 사례를 살펴보면, 이탈리아의 와인 병 제조업체가 독일에 와인 병을 납품했는데 운송 과정에서 손상되어 사용할 수 없게 된 경우가 있었다. 원래대로라면 양국 법률을 따지는 복잡한 분쟁이 발생할 수 있었다(UNCITRAL, 2007). 그러나 CISG 제35조가 적용되면서 "판매자는 국제 운송에 적합하게 물품을 포장하여 인도할 의무가 있다"는 협약 조항이 기준이 되었다. 독일 법원은 CISG를 근거로 판매자 책임을 인정했고, 이탈리아 판매자는 포장 불량으로 인한 손해에 대해 책임을 졌다. 이로써 독일 수입업자는 손해에 상응하는 대금 지급을 유보할 수 있었고, 수출업자는 향후 동일한 문제를 예방할 수 있었다.

CISG는 무역 현장에서 각국 사업자 모두가 예측 가능하고, 분쟁을 신속하게 해결할 수 있도록 도움을 주는 든든한 안전장치다. CISG에 대한 충분한 이해는 무역업 종사자에게 필수적인 리터러시라 할 수 있다.

교역 책임의 명확한 분담, 인코텀즈

표준 계약서가 있음에도 불구하고 아직 분쟁의 불씨는 남아있다. 무역은 거래 기간과 운송 거리가 긴 특성을 가지고 있기 때문이다. 앞서 언급한 사례를 더 자세히 들여다보면, 과연 이탈리아 수출업자는 어디까지 책임을 져야 하는 것일까? 이탈리아 사람에게는 낯선 독일 구매자의 매장까지 책임지고 운송해야 할까?

인코텀즈(INCOTERMS)는 이러한 경우를 위해 "누가, 어디까지, 어떤 비용과 위험을 책임지는가"를 정해 놓은 국제 규칙이다. '국제상업회의소가 정한 국제 무역 조건 규칙'으로 전 세계에서 통용된다(ICC, 2020).

국경을 넘어 다른 언어와 법을 가진 기업끼리 거래하다 보면, "운송 중 제품이 파손되면 누가 책임질까?", "운송비는 누가 내야 할까?" 같은 문제가 발생한다. 인코텀즈는 국제 거래의 책임과 비용 분담을 미리 표준화해 둔 덕분에, 복잡한 설명 없이 한 마디로 모든 조건을 명확하게 할 수 있다.

인코텀즈는 FOB(본선 인도 조건), CIF(운임 · 보험료 포함 인도 조건), EXW(공장 인도 조건) 등 총 11가지 규칙으로 구성되어 있다. 예를 들어 "FOB Busan port Incoterms 2020" 한 줄이 계약서에 들어가면, 물품의 운송, 보험, 통관에 대한 판매자의 책임이 부산항에서 정확히 끝나는 것이다.

한국 회사가 영국에 축구공을 수출한다고 가정해 보자. 계약 조건을 CIF London(런던항 운임 · 보험료 포함 인도)으로 한다면, 한국 회사는 축구공을 배에 실어 출항시키고 런던항까지의 운임과 보험료까지 부담한다. 만약 바다에서 급격한 날씨 변화로 축구공이 손상되면, 런던항까지의 손해는 판매자의 책임이다. 반대로 FOB Busan(부산항 본선 인도 조건)이라면, 한국 회사는 부산항 컨테이너선 적재까지만 책임지고, 이후 모든 비용과 위험은 영국 회사의 몫이 된다. 이렇게 세 글자만으로 역할과 책임이 완벽하게 나뉘는 것이다.

재미있는 사례로, 최근 유행하는 당근마켓의 문고리 거래는 인코텀즈 기준으로는 판매자의 책임을 최소화한 EXW(공장 인도 조건)에 해당한다. 이처럼 인코텀즈는 글로벌 무역에서 계약의 오해와 분쟁을 줄여주는 '국제 거래의 공통 언어'인 셈이다.

무역 실무에 날개 단 AI

최근 들어 AI는 무역 리터러시 수준을 획기적으로 끌어올리는 방안으로 부상하고 있다. 이미 AI 솔루션들은 실제 현장에서 도입되어 눈에 띄는 성과를 보이고 있다. 우선 해외 파트너와의 커뮤니케이션에서 AI의 활용도가 급격히 높아지고 있다.

CRM 솔루션 기업 세일즈포스는 자사 제품에 생성형 AI '아인슈타인 GPT'를 탑재하여 해외 영업팀의 커뮤니케이션 방식을 혁신했다(Salesforce, 2023). 영업팀이 고객과 통화하면 AI가 통화 내용을 자동으로 텍스트로 받아 적고 요약하여 핵심만 정리해 준다. 이어서 그 내용을 바탕으로 해당 고객에게 보낼 맞춤형 후속 이메일 초안까지 AI가 작성해 주는데, 마치 직원 전용 비서가 생긴 듯한 효과를 내고 있다. 덕분에 영업팀은 통화 후 보고서를 쓰는 시간을 아끼고 바로 다음 영업 활동에 나설 수 있게 되었다. 이처럼 글로벌 기업들은 풍부한 데이터와 AI를 결합해 커뮤니케이션 효율을 극대화하고 있다.

중소기업들도 여건에 맞게 AI를 활용하고 있다. ChatGPT로 대표되는 대형 언어 모델(LLM)은 사람처럼 자연스러운 문장을 만들어 낼 수 있어 커뮤니케이션 업무 자동화에 새로운 길을 열고 있다. 중소기업이 많이 사용하는 구글 워크스페이스는 메일(Gmail) 작성 시 '글쓰기 도우미' 기능을 통해 몇 개의 키워드만 입력하면 AI가 전체 이메일 초안을 제시해 준다. 마이크로소프트 아웃룩의 코파일럿(Copilot)도 복잡한 이메일 스레드를 요약해 주고, 회의 일정을 조율하는 답장까지 자동으로 작성해 준다. AI 번역 솔루션 DeepL은 메일 초안을 외국어로 번역해 주고, 국가별로 격식 있는 비즈니스 어조로 가다듬는 작업까지 가능하다.

이제 AI는 문화적 뉘앙스까지 고려한 글로벌 커뮤니케이션을 지원하고 있다. 인구의 20% 이상이 비영어권인 미네소타 주정부는 OpenAI와 협력하여 대민 서비스에 AI 기반 번역 시스템을 접목해 스페인어, 베트남어, 소말리어 등 다양한 언어를 지원했다(OpenAI, 2024). 여기서 주목할 점은 문화적 맥락의 반영이다. 소말리어 같은 특수 언어의 경우, 문화적으로 적절한 용어와 표현을 담은 데이터베이스를 구축하여 번역의 품질을 높였다. 한 달이 걸리던 번역 작업도 이틀로 단축되었다.

계약서 작성에서도 혁신이 일어나고 있다. AI는 국제 표준에 맞춘 계약서 초안을 자동 생성하고, 과거 분쟁사

례와 실시간 법령 변경 사항을 반영한다. 일례로 미국의 900개 기업에 B2B 결제 서비스를 제공하는 Deluxe는 AI가 계약서를 자동으로 읽고 분석하도록 시스템을 구축했다(UIPath, n. d.). 그 이후 "3월까지 수수료를 올려야 하는데, 어떤 고객사에 먼저 통보해야 하지?"라고 물으면, AI가 고객별로 다른 조건의 계약서를 모두 검토한 후 즉시 답을 찾아준다.

AI 시대 무역 리터러시

AI 시대의 무역 리터러시는 국제 규범에 대한 지식과 커뮤니케이션 능력에 더해 AI 활용 역량까지 겸비하는 방향으로 진화하고 있다. 즉, AI에게 필요한 정보를 정확히 입력하고, AI의 제안을 비판적으로 검토해 최적의 결정을 내리는 능력까지 포함된다는 뜻이다.

AI가 반복 업무와 정보 분석을 맡아 주면, 무역인들은 더 창의적이고 전략적인 업무에 집중할 수 있다. '비즈니스 메일 작성법'을 반복해 공부하던 과거와 달리, 과중한 이메일 처리나 복잡한 계약 검토에 쏟던 시간을 아껴서 고객 관계 강화나 새로운 시장 개척에 힘쓸 수 있는 것이다. 기업의 과제는 'AI가 할 수 있는 일'과 '사람이 해야 할 일'을 명확히 구분하는 훈련이다. 무역 리터러시를 갖춘 인재가 AI라는 강력한 도구까지 활용한다면, 무역 현장은 더욱 효율적인 협업의 장으로 거듭날 수 있다. 사실 이러한 변화의 도구들은 이미 우리 곁에 준비되어 있다. AI는 이미 우리 일상에 와 있다. 널리 퍼져 있지 않을 뿐이다.

참고문헌

ICC(2020). Incoterms 2020.
https://iccwbo.org/business-solutions/incoterms-rules/

OpenAI(2024). Minnesota's Enterprise Translation Office uses ChatGPT to bridge language gaps.
https://openai.com/index/state-of-minnesota/

Salesforce(2023). Salesforce Announces Einstein GPT, the World's First Generative AI for CRM.
https://www.salesforce.com/news/press-releases/2023/03/07/einstein-generative-ai/

UIPath(n. d.). Deluxe is redefining financial efficiency with AI and automation.
https://www.uipath.com/resources/automation-case-studies/deluxe-is-redefining-financial-efficiency-with-ai-and-automation

UN CITRAL(2007.8.27). Germany: Oberlandesgericht Koblenz. CASE LAW ON UNCITRAL TEXTS, p.6.
https://documents.un.org/doc/undoc/gen/v07/863/50/pdf/v0786350.pdf

06
AI와 공급망 관리

배 한 척이 전 세계 경제를 멈춰 세웠다. 하루 96억 달러 규모의 교역 차질이 보여준 것은 물류가 경제의 동맥이라는 사실이다. 팬데믹과 지정학적 위기는 공급망 재설계를 촉발했고, 인공지능이 게임 체인저로 등장했다. 아마존의 예측 배송, 쿠팡의 무인 물류 센터는 현실이 되었다. AI가 창출하는 물류 혁신과 한국의 미래를 살펴본다.

AI와 민주주의?

세계를 멈춘 배 한 척

2021년 3월, 수에즈 운하에 좌초한 초대형 컨테이너선 '에버기븐(Ever Given)' 호가 전 세계 물류망을 멈춰 세웠다. 400여 척의 선박이 운하 입구에서 대기했고, 하루 96억 달러 규모의 교역이 차질을 빚었다. 다른 선박들은 아프리카 희망봉을 우회해야 했고, 항해 거리가 9000km 늘어 운송 지연은 최대 2주까지 이어졌다(BBC, 2021). 배 한 척의 사고가 세계 경제를 뒤흔든 이 사건은 물류가 단순한 운송이 아니라 경제의 동맥임을 보여준다.

공급망은 제조업 · 유통업 · 소비를 유기적으로 연결하는 정교한 가치사슬을 구성한다. 업스트림에서는 원자재 및 부품의 전략적 조달과 공급 업체 관계 관리, 미들스트림에서는 완제품의 보관 · 포장 · 분류를 담당하는 물류 센터의 통합 운영, 다운스트림에서는 최종 소비자까지의 배송 서비스가 각각 핵심 기능을 수행한다. 특히 전자상거래의 폭발적 성장과 함께 물류 센터에서 고객 문 앞까지의 라스트마일(Last mile) 배송은 물류 경쟁력을 좌우하는 결정적 요소로 부상했다.

위기가 촉발한 공급망 패러다임의 전환

2020년 코로나19 팬데믹은 글로벌 공급망의 구조적 취약성을 적나라하게 노출시키며 물류 산업의 근본적 혁신을 가속화했다. 팬데믹으로 촉발된 생산 중단과 물류 대란은 전 세계적인 부품 및 완제품 공급 부족 사태를 야기했으며, 글로벌 공급망 압력 지수(GSCPI)와 컨테이너 해상 운임(SCFI)은 역사적 최고치를 경신했다(이투데이, 2024).

러시아-우크라이나 전쟁과 중동 지역의 지정학적 불안정성은 글로벌 공급망을 더욱 복잡한 양상으로 몰아넣었다. 기업들은 공급망 리스크 관리의 패러다임을 근본적으로 재설계해야 하는 국면에 직면했으며, 공급업체 다변화와 운영 회복 탄력성 강화가 생존 전략의 핵심으로 대두되었다. 이러한 변화는 미 · 중 양극 체제를 중심으로 공급망이 재편되는 상황까지 연결되고 있으며, 불가피하게 생산 비용 상승과 효율성 저하를 수반할 것으로 예상된다.

ESG 경영이 기업 운영의 필수 요건으로 자리 잡으면서 물류 산업 역시 지속가능성을 중심축으로 하는 변화를 겪고 있다. 신규 발주되는 컨테이너선의 대다수가 LNG, 메탄올을 병행 사용하는 하이브리드 시스템을 채택하고 있으며, 이러한 녹색 전환은 한국 조선 업계에 새로운 성장 동력을 제공하고 있다. 향후 탈탄소화 지향의

녹색 항로 정책이 본격화되면 프리미엄 선종을 중심으로 하는 한국 조선 업계의 수익성은 더욱 개선될 전망이다.

공급망 전반에 스며든 AI

물류 산업은 인공지능 기술의 선도적 적용 분야로, 예측(Prediction), 자동화(Automation), 최적화(Optimization)라는 세 가지 핵심 기술을 중심으로 혁신을 추진하고 있다.

예측 기술 영역에서는 머신러닝 알고리즘 기반의 수요 예측이 핵심적 역할을 담당한다. 아마존과 나이키 같은 선진 기업들은 고객의 구매 패턴, 기후 데이터, 시장 동향 등을 종합적으로 분석하여 정밀한 재고 관리 시스템을 구축함으로써, 과잉 재고로 인한 비용 부담을 최소화하는 동시에 고객 수요 변화에 신속하게 대응하는 역량을 확보했다.

자동화 기술은 딥러닝 기반 컴퓨터 비전 기술의 발전과 함께 비약적으로 진보하고 있다. 물류 센터의 피킹 및 패킹 프로세스에서 AI 기반 이미지 인식 시스템은 다양한 상품을 정확히 식별 · 분류하고, 상품 특성에 최적화된 포장재를 자동 선택하여 패키징을 완료하는 수준에 도달했다.

최적화 기술은 AI 기반 경로 최적화와 동적 라우팅 알고리즘을 통해 구현되고 있다. 실시간 교통 상황, 기상 조건, 배송 스케줄 등 다차원적 변수를 종합적으로 고려한 동적 경로 설정이 가능해졌으며, AI 기반 동적 라우팅 시스템을 도입한 기업들은 배송 효율성에서 현저한 개선 효과를 달성하고 있다(Oracle, 2024).

글로벌 선도 기업들의 공급망 혁신

공급망 혁신의 글로벌 벤치마크는 아마존이다. 고객의 구매 행동 패턴을 예측하여 주문 이전에 상품을 고객 주변 물류 센터에 사전 배송하는 '예측 배송(Anticipatory Shipping)' 시스템과 물류 센터 내부의 '키바(Kiva)' 로봇을 통한 완전 자동화는 아마존 물류 혁신의 상징적 성과다. 현재 전 세계 물류 센터에 75만 대 이상의 로봇을 배치하고 있으며, 50여 물류 센터에서 키바 로봇 시스템이 핵심 운영 인프라로 기능하고 있다(Amazon, 2025).

한국 기업들 역시 공급망 혁신을 통한 경쟁 우위 확보에 전력을 기울이고 있다. 삼성전자는 AI 기반 공급망 관리 시스템을 통해 복잡한 반도체 부품 공급망을 정밀하게 제어하며 생산 계획의 정확성을 지속적으로 향상시키고 있다. 삼성SDS의 '첼로스퀘어' 플랫폼은 물류 프로세스 전반의 변수를 실시간 분석하여 경로 변경, 대체 공급 업체 확보 등 예방적 솔루션을 제시함으로써 공급망 불확실성을 줄이고 있다.

쿠팡은 물류 센터에 AI 탑재 무인 운반차(AGV)를 전면 도입하여 작업자의 업무 부하를 65% 경감시키는 혁신적 성과를 달성했다. AGV 시스템은 평균 2분 내에 수백 개의 상품을 집품 작업자의 워크스테이션으로 자동 운반함으로써, 작업자의 물리적 이동과 운반 작업을 근본적으로 대체하는 완전 자동화를 실현했다(쿠팡, 2023).

AI 공급망이 창출하는 경제적 가치

글로벌 물류 산업의 시장 규모는 2024년 약 12조 달러에 달하며 지속적인 성장 궤도를 유지하고 있다. 국내의 경우 2021년 기준 국가 물류비가 280조 원으로 GDP의 13.6%를 점유하고 있어 경제 전반에 미치는 영향력이 상당함을 알 수 있다(통계청, 2025).

특히, AI 도입에 따른 공급망 성과 개선 효과는 다수의 실증 연구와 기업 사례를 통해 입증되고 있다. 매킨지의 분석에 따르면, AI 기반 공급망 관리 솔루션을 조기 도입한 얼리어답터 기업들은 경쟁사 대비 물류 비용을 15% 절감하고 재고 효율성을 35% 개선하는 성과를 거두었다

(McKinsey, 2021). 더불어 2025년까지 글로벌 AI 물류 시장 규모는 1조 3391억 달러에 도달할 것으로 예측되며, AI 도입 기업들의 물류 운영 효율성 향상률은 평균 20% 이상을 기대하고 있다(The Business Research Company, 2025).

물류 산업은 수출입 경쟁력 제고와 산업 간 연관 효과 측면에서도 탁월한 파급력을 보유하고 있다. AI 물류의 발전은 로봇 공학, 센서 기술, 빅데이터, 클라우드 컴퓨팅 등 첨단 기술 분야의 동반 성장을 견인하며 광범위한 경제적 승수 효과를 창출한다. 글로벌 물류 자동화 시장은 2024년 340억 달러에서 연평균 10.2%의 성장률을 기록하여 2033년 815억 달러 규모로 급성장할 것으로 전망된다(Strait Research, n. d.).

한국 물류 산업의 과제

한국 물류 산업의 현주소는 구조적 개선의 필요성을 시사한다. 우리나라의 GDP 대비 물류비 비율은 13.6%로, 일본(8.2%)이나 미국(8.6%)과 비교하여 현저히 높은 수준을 보이고 있다. 이는 역으로 효율성 개선을 통한 성장 잠재력이 크다는 것을 의미한다. 2023년 세계은행이 조사한 물류성과지수(LPI)에서 한국이 17위에 머물러 있는 것은 우리 경제의 위상을 고려할 때 개선의 여지가 상당함을 보여준다(대한상공회의소, 2023).

한국 물류 산업의 경쟁력 저하 요인은 내륙 운송 중심의 운영 구조에서 비롯되는 도심 교통 체증, 작업 연계성 부족, 높은 공차율 등 구조적 비효율이 누적되어 운송비와 리드타임을 증가시키는 데 있다. 이를 해결하기 위해서는 운송 · 창고 운영 전반에 AI 기반 실시간 추적 시스템과 수요 · 재고 예측 모델을 도입하여 공차율과 체류 시간을 최적화하는 스마트 물류 생태계 구축이 필요하다. 아울러, 국제 운송 연계성 강화를 위한 전자 선하증권(eBL) 및 운송 서류 디지털화, 중소 물류 업체 대상 SaaS 플랫폼 지원을 통해 물류 생태계의 디지털 격차를 체계적으로 해소해야 한다.

AI 기술은 물류 산업을 전통적인 운송업에서 고부가가치 지능형 서비스업으로 변모시키고 있다. 예측 가능한 공급망, 완전 자동화된 물류 센터, 최적화된 배송 네트워크는 더 이상 미래의 이야기가 아니다. 매일 우리가 주문하는 상품이 정확한 시점에 도착하고, 기업들이 글로벌 경쟁에서 우위를 점하며, 한국이 물류 강국으로 도약하는 미래의 실현, 그 중심에 AI가 자리하고 있다.

참고문헌

대한상공회의소(2023). "세계은행 LPI로 본 글로벌 물류경쟁력 변화와 시사점". https://www.korcham.net/nCham/Service/Economy/appl/KcciReportDetail.asp?SEQ_NO_C010=20120936414&CHAM_CD=B001

이투데이(2024.10.22). "요동치는 글로벌 공급망… '분절화' 심화에 다각화 절실 [기후가 삼킨 글로벌 공급망]". https://www.etoday.co.kr/news/view/2411259

쿠팡(2023). "모두를 위한 커머스의 미래: 쿠팡 경험을 구현하는 눈부신 혁신기술". https://www.coupang.jobs/kr/life-at-coupang/coupang-news/모두를-위한-커머스의-미래-쿠팡-경험을-구현하는-눈부신-혁신기술/

통계청(2025). "국가물류비 현황". https://www.index.go.kr/unity/potal/main/EachDtlPageDetail.do?idx_cd=2727

Oracle(2024). "물류 산업에서의 AI: 잠재적 이점과 활용". https://www.oracle.com/kr/scm/ai-in-logistics/

Amazon(2025). Amazon has more than 750,000 robots that sort, lift, and carry packages—see them in action. https://www.aboutamazon.com/news/operations/amazon-robotics-robots-fulfillment-center

BBC(2021.3.26). Suez blockage is holding up $9.6bn of goods a day. https://www.bbc.com/news/business-56533250

McKinsey(2021). Succeeding in the AI supply-chain revolution. https://www.mckinsey.com/industries/metals-and-mining/our-insights/succeeding-in-the-ai-supply-chain-revolut

ion
Straits Research(n. d.). Logistics Automation Market Worth USD 81.50 billion by 2033 / CAGR of 10.20%. https://straitsresearch.com/press-release/global-logistics-automation-market-trends
The Business Research Company(2025). AI in logistics global market report 2025. https://www.giikorea.co.kr/report/tbrc1784276-ai-logistics-global-market-report.html

07
AI와 무역 데이터

AI와 데이터의 만남은 무역의 전 과정을 근본적으로 재편하고 있다. 데이터 수집의 자동화와 국제 표준화, 분석 과정의 고도화, 활용 분야의 다각화, 그리고 데이터 기반 예측 및 리스크 관리의 체계화에 이르기까지, 데이터는 AI와 결합하여 무역 현장에서 실질적 경쟁력과 혁신 속도를 결정짓는 핵심 인프라가 되었다.

AI와 애니메이션?

"데이터는 21세기의 석유"라는 말은 AI 시대, 무역 현장에서도 힘을 갖는다. 그러나 단순한 '축적'만으로는 미래 경쟁력을 담보할 수 없다. AI와 결합한 데이터의 힘이 발휘되는 순간은, 다양하고 자동화된 무역 데이터 수집, 초고속 빅데이터 분석, 그리고 이 모든 과정을 실시간 연결 · 예측 · 실행으로 옮기는 혁신적 프로세스가 완성되는 연결성에 있다.

오늘날, 수출입 당사자는 직접 시장을 누비는 대신 통합 데이터 플랫폼과 AI 모델이 제안하는 분석 리포트, 머신러닝 분석 미래 예측 시나리오, 사람의 직관을 보완하는 데이터 인사이트를 토대로 의사결정한다. 이는 '손품에서 데이터품'으로의 전환, 그리고 연결과 공유의 무역 혁명을 체감하는 시대의 진정한 서막인 것이다.

무역 데이터 수집

전통적 무역 데이터 수집은 항만, 세관, 은행 등 각종 지점에서 일회성 데이터로 기록되어 왔다. 수출입 신고, 실적 보고, 시장 보고서 등 일부 디지털화가 이루어졌으나, 데이터의 양적 · 질적 한계, 플랫폼별 표준화 부족, 현장 인력의 수동 입력 등에서 적지 않은 벽이 있었다.

2020년대 중반, AI와 IoT, 클라우드 인프라의 보급이 글로벌 무역 데이터 수집 패러다임을 송두리째 뒤집었다. 각종 전자 문서(E-doc), 자동 센서, RFID, 블록체인 기반 거래 기록, 온라인 무역 플랫폼 데이터가 실시간으로 통합 클라우드로 흘러 들어온다.

기본 무역 통계(HS 코드별 분류, 수출입 신고, 원산지, 계약 이력)는 물론, 항만 · 공항 입출고 정보, 물류사 ERP, 제조사 MES, 현지 바이어 소싱 및 가격 정보, 글로벌 공공 DB(UN Comtrade, WTO DATA, 국가 간 수입 규제 모니터링 등), SNS · 웹데이터까지 모두 수집 대상이 된다(UN Comtrade, 2022).

데이터 표준화와 품질 관리의 고도화도 병행된다. 기업 · 기관별 상이했던 포맷과 식별자가 국제 무역 데이터 표준(UN/CEFACT, WCO 모델)에 맞춰 자동 변환되고, 누락 · 오류 · 중복 데이터는 AI 기반 클렌징 · 정합성 검증 시스템이 실시간으로 관리한다(WCO, 2021).

최근에는 데이터 심층 수집을 위해 글로벌 위성 데이터(선박 · 트럭 이동), 문서 이미지 OCR · NLP 해석, 다국어 데이터 자동 번역 등도 추가된다(OECD,2022).

공공과 민간의 데이터 개방도 활발하다. 주요 국가 통계청 · 무역 진흥 기관 · 산업 협회가 API형 실시간 무역 데이터 피드를 제공하고, 민간에서는 물류 플랫폼 · 마켓 플레이스 · B2B 서비스 등에서 대용량 트랜잭션 · 시장 동향 데이터가 오픈된다. 이 과정에서 특히 GDPR 등 개인정보 보호, 국가 안보 관련 데이터의 컴플라이언스 체계도 동반 고도화되고 있다(EU, 2018).

결과적으로, 데이터의 자동 축적, 국제 표준화, 실시간/다차원적 흐름은 인간이 결코 한 번에 파악하고 따를 수 없는 무역 시장의 '디지털 생태계'를 구현한다. 데이터 수집 역량이 무역 경쟁력의 기초 체력이 되는 시대가 도래한 것이다.

무역 데이터 분석

데이터가 쌓이더라도 실제 경쟁력은 분석 역량에 달려 있다. 전통적 분석은 주로 과거 실적 통계, 간단한 엑셀 대비표, 단순 시계열 그래프 수준에 그쳤지만, 오늘날 AI와 빅데이터 분석은 무역 경영에서 고차원의 필수 도구로 자리 잡았다.

머신러닝 · 딥러닝 기반 알고리즘은 수출입 트렌드 예측, 바이어 수요 패턴, 국가별 신제품 수용도, 리스크 감지(정치 · 경제 · 물류 리스크 등)를 매개 변수로 활용하여 분석한다. 대표적으로 XGBoost, LSTM, CNN, Transformer 등 최신 AI 모델이 트레이드 데이터 세트에 적용되고, 강화 학습 기반 시뮬레이션도 실적 예측, 가격 최적화, 공급망 경로 탐색에 쓰인다.

자연어처리(NLP)는 시장 · 정책 · 제도 관련 뉴스, SNS, 정부 문서, 고객 문의 등 비정형 텍스트에서도 핵심 이슈와 감정 흐름, 규제 변화, 신흥 트렌드 신호를 실시간 추출한다. 그래프 기반 네트워크 분석(GNN, knowledge graph 등)은 공급망 구조와 자금 흐름, 3국 무역의 경로별 영향 등의 미시적 메커니즘까지 밝힐 수 있게 한다.

특히 AI 분석은 무역 불확실성(환율 · 정책 · 국제 이슈 · 내부 운영 리스크) 대응, 미량 데이터 기반 신규 시장 발굴, 실시간 이상 거래 모니터링(관세 포탈, 원산지 위반, 신용 리스크) 등 사람이 노출되는 한계와 실수, 편견을 보완한다.

비즈니스 인텔리전스(BI) 대시보드, 챗봇형 데이터 질의, 대화형 데이터 수집 모델 등 직관적 인터페이스의 발전으로 실무자 누구나 분석 통찰을 신속히 활용할 수 있게 되었다.

고도 분석의 효과는 기존의 감이나 관습 기반 오더, 선적, 계약, 트러블슈팅의 불확실성을 미리 예방하고, '리스크-기회-최적화' 의사결정의 데이터 기반화를 광범위하게 실현하는 데 있다.

분석 데이터 활용

수집 · 분석된 데이터는 무역의 거의 모든 실제 업무에서 가치의 원천으로 작동한다. 글로벌 무역 마케팅, 가격 · 상품 전략, 현지 시장 개척, 리스크 관리, 공급망 즉각 대응, 마케팅 자동화 등 적용 분야는 무한대로 확장되고 있다.

첫째, AI 데이터 인사이트는 시장 진입 전략의 정밀도를 높인다. 기존에는 담당자 직감과 경험에 의존하던 현지 시장 · 신규 상품 · 경쟁사 분석이, 이제 실제 검색 패턴, SNS 언급, 바이어 피드백, 실시간 트렌드, 글로벌 가격 동향, 현지 이커머스 판매 데이터를 바탕으로 '타깃 시장-상품군-차별화 메시지'를 기계적으로 도출할 수 있다.

둘째, 가격 설정 · 계약 전략의 차원이 달라졌다. AI 분석을 기반으로 융합된 경쟁사 견적, 물류 · 환율 · 관세 변화, 시장 수요 곡선, 현지 정부 인센티브까지 자동 반영한 '다차원 동적 가격 제안'과 대량 맞춤화(거래처 등급별, 국가별 가격 자동 설정, 솔루션별 할인 · 패널티 · 지연료 등)를 제시할 수 있게 되었다.

셋째, 공급망 리스크 및 운영 자동화 측면에서는, 항만 적체 · 도심 물류 · 기상 데이터 등을 AI가 실시간 분석하여 자동 주문 경로 변경, 비상 스케줄링, 선적 우선

순위 재배치, 클레임 예방까지 담당한다.

특히 중소기업도 대기업처럼 현지 거래처 신용, 정책 리스크, 비공개 이슈(파업, 규제 등)도 신속하게 감지 및 대응할 수 있는 데이터 평등성 기반 '위기관리 자동화'의 세상을 맞이했다.

넷째, 마케팅 자동화 · 새로운 비즈니스 모델 구축 영역이다. AI 추천 시스템(Up/Cross-Selling), 고객 세그멘테이션, 바이럴 마케팅, 랜딩 페이지 자동 생성, 다국적 제안서 · 계약서 자동 작성, 신흥국 특수 법령 · 관행 분석 등과 연결된다.

이 밖에도 국제 결제 · 통관 · 무역 금융 · 고객 응대 등 반복 업무 자동화 및 서비스 품질 개선에도 데이터 분석의 힘이 뒷받침된다.

요약하면, 무역 데이터 활용의 가치는 단순 보고나 분석을 넘어 '자동화된 결정', '실시간 리스크 예방', '맞춤형 제안'을 제공하고, 새로운 경쟁력과 가치 창출의 미래를 주도한다.

데이터 기반 AI 무역의 미래

AI와 데이터 중심의 무역은 단순한 업무 지원 도구 단계를 넘어, 미래 생태계의 '표준 운영 체계'로 자리 잡게 되었다. 전 세계 무역은 하나의 '네트워크 지능'처럼 연결되고, 실시간 글로벌 공급망은 데이터 기반 예측과 AI를 통한 신속한 실행력이 곧 경쟁력이 된다.

첫째, AI 기반 무역은 기회 포착의 초단위 가속, 쌍방향 협업적 가치 창출로 이어질 것이다. 오더 생성, 마케팅, 계약-배송-결제, 사후 관리까지 모든 프로세스가 실시간 최적화된다. 예를 들어, AI는 상품별 이상 징후와 규제 위험을 동시에 감지하여, 현지 대응과 시장 전환까지 도출한다.

둘째, 글로벌 무역의 '상호 운용성 · 신뢰' 인프라가 더욱 견고해진다. 데이터 원본 추적, 다국간 블록체인 인증, 신뢰할 수 있는 AI 예측 모델의 실시간 교차 검증과 같은 구조가 시장 교란 · 불공정 · 위조 거래의 벽을 낮춘다. AI에 의해 국제 표준 계약 체결, 다국어 커뮤니케이션, 결제 · 보험 · 리스크 분석이 동시 실행된다.

셋째, 초개인화 · 초지능화된 맞춤형 무역 지원은 실무자 개개인의 성과와 현장 만족도를 극대화한다. 생성형 AI와 프롬프트 엔지니어링, 바이브 코딩 등을 활용해, 누구나 자신만의 데이터 기반 업무 솔루션을 직접 구축하고, 개인 · 기업별 니즈에 최적화된 지원을 실시간으로 얻는다.

마지막으로, 데이터 주권 이슈, AI 윤리 · 공정 · 신뢰성 검증, 글로벌 컴플라이언스 기준 강화와 같은 위험 요인도 반드시 병행 관리되어야 한다. AI 판정의 투명성 · 설명 가능성 확보, 악의적인 데이터 오염 방지, 개인정보 · 사업 기밀 보호 등은 미래 AI 무역의 안정성 확보에서 필수 요소라 할 것이다.

"데이터 없이 미래 무역은 상상할 수 없다."

데이터 기반 AI 무역 시대의 승자는, 변화의 파도를 가장 빠르고 정확하게 해석하고 실행에 옮기는 이들이 될 것이다.

참고문헌

EU(2018). General Data Protection Regulation (GDPR). Official Journal of the European Union. https://gdpr-info.eu/chapter-1/

OECD(2022). Satellite Data and Trade Monitoring Reports. OECD 2. https://www.oecd.org/content/dam/oecd/en/publications/reports/2022/11/a-new-landscape-for-space-applications_e2209f9a/866856be-en.pdf

UN Comtrade(2022). United Nations Commodity Trade Statistics Database. United Nations. https://comtradeplus.un.org/

WCO(2021). WCO Data Model: Standards for Customs and Trade Data Exchange. https://www.wcoomd.org/DataModel

08
AI와 리스크 관리

AI는 코로나19, 지정학적 갈등 등으로 복잡해진 무역 리스크를 데이터 기반 예측과 자동화로 관리 가능한 위험으로 재정의한다.
물류 · 공급망 · 환율 · 신용 리스크 전 영역에서 AI는 실시간 모니터링, 시뮬레이션, 이상 탐지, 시나리오 분석 등으로 대응 체계를 혁신하며, 기업의 생존과 경쟁력 확보의 필수 자산으로 자리 잡았다.

AI와 인재 채용?

"리스크 발생은 비즈니스의 시작을 밀어붙인다." 이는 변동성의 시대에 가장 절실하게 와 닿는 비즈니스 철학이자, AI라는 무형의 협력자가 무역업에 필수 요소로 빠르게 확산되게 한 요인이기도 하다.

코로나19, 기후 위기, 지정학적 긴장, 사이버 위협, 그리고 실시간으로 출렁이는 금융 시장이 '위험'의 개념을 바꿔왔다. 이러한 위험의 급격한 변화는 AI를 통해 감으로 판단하던 불확실성을 데이터와 예측으로, 그리고 자동화된 실행에 기반한 '관리 가능한 리스크'로 재정의하기에 이르렀다. 이제 AI와 결합된 새로운 리스크 관리 프레임워크는 생존을 넘어 경쟁력의 핵심 뼈대가 되고 있다.

물류 리스크 관리

물류는 글로벌 무역의 모든 경로와 단계가 연결되는 심장부다. 물류 네트워크의 작은 혼란도 전체 공급망의 연쇄적 붕괴로 이어질 수 있다. 2021년 수에즈 운하의 좌초 사건이 전 세계 경제의 대동맥을 마비시킨 사건은 물류 리스크가 단순히 비용 문제가 아닌, 경제 시스템 전반을 흔들 수 있다는 점을 여실히 보여주었다(이성우 외, 2023).

현대 물류 리스크는 지정학적 갈등, 자연 재해, 기후 변화, 노동력 부족, 팬데믹 대비 미흡 등이 복합적으로 작용해 더욱 복잡해졌다. 과거 단순 운송 지연에서 진화해 공급 지연에 따른 생산 차질 · 고객 신뢰 하락 · 금융 비용 증가까지 확장된 다면적 위험을 내포한다. 따라서 효과적인 리스크 관리는 정적 대응이 아닌, '예측→완화→회복'의 전 주기적 관리 체계 구축이 중요하다.

최첨단 AI 기술은 실시간 물류 상태 파악과 위험 감지에 핵심 역할을 한다. 예를 들어 빅데이터와 머신러닝으로 항만 혼잡도, 기상 변화, 선박 이동 경로를 실시간 분석해 잠재적 병목 구간을 찾아내고 대체 루트를 자동 추천한다. 또한 무인화 물류 창고, 로봇 자동화, 드론 배송 등 첨단 기술이 인력 부족의 문제를 해소하며, 물류 처리 속도와 정확도를 높이고 있다.

물류 리스크 관리는 조직 차원의 연계와 산업 전반의 거버넌스 개선 없이는 한계가 있다. 특히 지역별 인프라, 정책, 문화 특성을 반영한 맞춤형 대응 체계를 마련하고, 국가 간 물류 연계성 강화 및 국제 협력을 통한 리스크 분산 방안 수립이 필수적이다. 무역 기업은 단기 비용 절감에 치중하지 않고, 장기적 물류망 안정성과 복원력 확보를 바탕으로 미래 경쟁력을 구축해야 한다.

공급망 리스크 관리

공급망은 다수 국가와 업체가 얽힌 복잡한 네트워크로서, 미중 무역 긴장, 보호 무역주의, 기후 변화, ESG 규제 강화 등의 외부 충격에 매우 취약하다. 코로나19 팬데믹은 공급망의 취약점을 극명히 드러내고 기업들이 '안전한' 다변화와 회복 탄력성 확보를 절실히 요구하게 만들었다(Howells, 2025).

공급망 리스크 관리는 전통적 재고 · 조달 최적화 차원을 넘어 조직과 기술의 전면 혁신을 필요로 한다. AI와 블록체인을 활용해 공급자 이력, 운송 데이터, 생산 현황 등을 실시간 추적 · 분석하며, 위험 요소별 취약 구간을 사전에 식별하고 대체 경로 및 옵션을 시뮬레이션한다. 데이터 기반 의사결정은 신속하고 정확한 대응력을 보장하며, 산업 전반의 투명성 증대도 가능하게 한다.

특히 ESG(환경 · 사회 · 지배 구조) 리스크 관리는 공급망 관리의 필수적 축으로 부상했다. 원부자재 추적부터 노동 환경, 환경 오염, 독점 위험까지 종합 관리하며, 중소 협력사까지 포함한 공동 리스크 관리 체계를 구축하는 기업이 늘고 있다. 이는 기업의 지속가능성과 사회적 책임 이행이라는 명분뿐 아니라, 비즈니스 리스크를 감소시키고 장기적 경쟁 우위를 확보하기 위한 전략이다.

미래의 공급망 관리는 기술과 조직 문화, 글로벌 정책 변화에 유연하게 대응할 수 있는 동적인 시스템 구축이 핵심이다. 이를 위해서는 AI 중심의 통합 플랫폼 확대, 산업 간 협력과 규제 준수, 그리고 유연한 경영 전략이 더해져야 한다. 공급망 리스크는 개별 기업의 문제를 넘어 글로벌 경제 안정성의 척도가 되고 있다.

환율 리스크 관리

환율 변동은 무역 거래에서 불가피하게 발생하는 리스크 중 최대 변수다. 단순히 통화 가치 하락·상승에 따른 이익 손실을 넘어서서 기업 자금 운용, 해외 투자, 가격 정책 등 전반에 걸쳐 복합적인 영향을 미친다. 미중 무역 전쟁, 글로벌 경기 둔화, 각국 통화 정책 변화 등 변동성은 더욱 확대되고 있다.

과거의 정성적 판단 중심 환위험 관리는 이제 데이터와 AI 분석을 결합한 정량적 예측으로 전환 중이다. AI는 금융 시장 정보, 정책 발표, 통화별 상관 관계, 실시간 환율 모니터링 데이터를 종합해 환변동 예측 모델을 고도화하고 있으며, 이를 통해 최적의 헤지 전략과 타이밍을 제시한다. 예를 들어, 선물환 거래, 옵션, 스왑 등의 금융 상품 설계에 AI의 시뮬레이션 결과가 반영되어 체계적 위험 완화가 가능해졌다.

기업들은 거래 상대국별 · 제품별 적합한 결제 통화 분산, 실시간 환위험 모니터링 대시보드, AI 기반 금융 시나리오 플래닝을 도입해 환율 변동에 대한 민첩한 대응 체계를 구축하고 있다. 특히 중소기업도 환리스크 관리 역량이 향상되면서 환율 변동에 따른 재무 불안정성을 줄이고 글로벌 무역 경쟁력 강화에 기여하고 있다.

환율 리스크 관리는 전문가와 AI 기술, 금융 상품의 협업을 통해 빠른 변화 속에서도 무역 이익을 안정적으로 보호하는 데 중점을 둔다. 미래에는 더욱 정교한 AI 분석과 데이터 기반 자산 배분 전략이 환율 리스크 완화의 핵심이 될 것이다.

신용 리스크 관리

무역 거래에 내재된 신용 리스크는 거래 상대방의 결제 불능, 계약 불이행에서 비롯되며, 특히 글로벌 불확실성이 증대된 오늘날에는 그 범위와 심각성이 확대되고 있다. 전통적 신용 평가 및 보증 시스템은 무역의 핵심 안전장치였으나, 디지털 전환 시대에는 더욱 복잡한 신용 리스크를 실시간 · 정교하게 관리하는 체계가 요구된다.

AI와 빅데이터 기술은 신용 리스크 관리에 혁신적 전환을 가져왔다. 거래 이력, 시장 정보, 금융 데이터, 고객 행태를 통합 분석해 위험 신호를 미리 감지하며, 이상 거래나 사기 패턴을 조기에 발견한다. 이와 함께 자동화된 신용 평가 모델이 무역 금융 심사 속도를 대폭 개선, 기업들의 원활한 자금 조달과 거래 안정성을 지원한다.

무역 금융 분야에서는 AI를 기반으로 한 동적 리스크 평가와 실시간 모니터링 체계가 확산되며, 중소 무역 기업도 보다 적극적이고 투명한 신용 관리에 참여할 수 있는 환경이 조성되고 있다.

향후 신용 리스크 관리는 인간의 경험과 AI 분석이 협력하는 하이브리드 모델로 발전하여 보다 예측 가능하고 총체적 리스크 관리가 가능해질 전망이다.

AI를 통한 통합적 리스크 관리

AI는 무역 리스크 관리의 모든 단계를 근본적으로 혁신한다. 무역 데이터와 거래 패턴의 대량 처리, 시장 · 정책 · 기상 등 다변수 예측, 거래 문서 · 규정 자동 검증, 공급망 투명성 강화, 규제 준수 모니터링까지 AI 센터의 자동화가 이뤄진다. 이제 무역 현장은 사후 대응이 아니라 사전 탐지 · 예방 · 시나리오 설계가 중심축이다. AI

는 규정 변화 이벤트, 잠재 리스크, 거래 위험도 등을 실시간 분석해, 기업 담당자에게 즉각 경보와 대응 시나리오를 제공한다.

AI 통합 무역 관리 솔루션은 수작업 오류를 줄이고, 규정 준수(Compliance), 데이터 신뢰성 관리, 파트너 네트워크의 투명성을 근본적으로 개선하고 있으며, 선진 기업들은 백엔드 업무 자동화, 데이터 기반 예측, 글로벌 규제 변화 실시간 반영, 송장 · 관세 등 서류 자동 처리 등을 경쟁력의 핵심으로 삼는다.

무역의 리스크 관리는 더 이상 수동적 방어가 아니다. 빠르게 변화하는 환경에서 AI는 기업의 지속가능성, 성장성, 신뢰성을 동시에 담보하는 새로운 전략 자산으로 부상했다. 기업과 무역인은 데이터와 AI를 통한 리스크 관리 역량을 필수 경쟁력으로 내재화해야 하며, 기술 혁신과 규범 준수, 그리고 조직의 민첩한 협력이 미래 생존의 조건임을 기억해야 한다.

참고문헌

이성우 외(2023). "글로벌 공급망 리스크 대응 물류망 최적화 방안 연구". 한국해양수산개발원.

Howells, R.(2025). "2025년 공급망 예측 및 전망: 위험 관리와 비용 최적화의 균형". NewsSAP.

09
AI와 디지털 통상

디지털 혁명이 무역의 질서를 뒤흔든다. 과거의 통상 질서로는 해결할 수 없는 새로운 쟁점들이 매일 쏟아져 나온다. 미국과 중국, 유럽의 서로 다른 AI 전략이 무역 장벽을 만들어 내고, 기존 WTO 체제의 한계를 드러내고 있다. 디지털 삼국지에서 우리가 쥔 캐스팅 보트를 어떻게 활용하느냐가 한국 AI의 미래를 좌우한다.

AI와 기자?

AI가 바꾼 무역 질서, 우리는 준비되었나

한국의 게임 회사가 미국산 AI로 창조한 가상 캐릭터를 미국에 수출한다면, 이는 한국산일까 미국산일까? 상품일까 서비스일까? 관세는 어떻게 부과해야 할까? 그 과정에 AI가 작성한 계약서에서 번역 오류로 분쟁이 발생하면 누가 책임져야 할까?

이런 질문들이 더 이상 가정이 아닌 현실이 되었다. 더욱 당황스러운 점은 국제 무역 질서의 뼈대인 WTO가 1995년 출범 당시에는 이런 상황을 전혀 예상하지 못했다는 사실이다. 당시 전 세계 인터넷 보급률은 1%에도 미치지 못했고 스마트폰은 상상 속에나 있었기 때문이다.

바로 여기에 AI 혁명이 불러온 통상 질서의 근본적 변화가 있다. 생성형 AI의 대중화는 기존 무역 체계의 기본 전제를 뒤흔들고 있다. 과거 명확히 구분되던 상품과 서비스 무역 영역에 데이터와 알고리즘이라는 새로운 거래 대상이 등장했고, 기존 통상 규범으로는 해결할 수 없는 복잡한 쟁점들을 양산하고 있다. AI는 단순한 기술적 도구를 넘어 통상 정책과 국제 규범 자체를 재정의하는 게임 체인저로 작용하고 있다.

현재 90개국이 참여하는 '전자상거래 공동 성명 이니셔티브(JSI)'에서 새로운 규칙 마련을 위해 노력하고 있지만, 각국의 상이한 이해관계로 인해 합의점 도출이 쉽지 않은 상황이다. 전자적 전송물에 대한 무관세 유예 조치도 2024년 3월 겨우 2년 더 연장하는 데 그쳤다(Reuters, 2024). 결국 WTO 체제의 한계가 분명해지면서 각국은 양자 또는 지역별 디지털 통상 협정을 체결하기 시작했다. 팬데믹을 거치며 전자상거래와 디지털 콘텐츠 국제 거래가 폭증하자 '디지털경제동반자협정(DEPA)'이 주목받고 있으며, 우리나라도 싱가포르와 '디지털동반자협정(KSDPA)'을 체결했고 EU와도 디지털무역협정(DTA) 협상을 타결했다(산업통상자원부, 2025).

미·중·유럽, AI 패권 경쟁 삼국지

세계 AI 시장을 둘러싼 주요국들의 경쟁 구도는 마치 현대판 삼국지를 연상시킨다. 각자 완전히 다른 전략으로 패권 장악에 나서고 있기 때문이다(정해영, 2022).

미국의 '공격적 수출 확대' 전략

미국은 '공격이 최선의 방어'라는 전략을 택했다. 트럼프 재집권 후 2025년 7월 발표한 AI 관련 3대 행정 명령의 핵심은 'AI 풀스택 수출' 전략이다. 쉽게 말해 햄버거 세트 메뉴처럼 AI 관련 모든 기술과 서비스를 패키지로 묶어 판매하겠다는 것이다(The White House, 2025). 동시에 중국에 대해서는 정반대 접근법을 구사했다. 2025년 4월 발표한 새로운 수출 통제 규정은 사실상 '기술 봉쇄'에 가깝다. 고성능 AI 칩의 대중 수출을 전면 차단한 것이다. 그 여파로 엔비디아는 연간 26조 원, AMD는 8억 달러의 손실을 감수해야 했다.

유럽의 '안전 제일주의' 접근

유럽은 '안전 제일주의'로 대응하고 있다. 2024년 승인된 EU AI Act는 세계 최초의 포괄적 AI 규제법으로, 위험 기반 접근법이 핵심이다. AI를 위험도에 따라 4단계로 분류하고, 고위험 AI에 대해서는 의료 기기나 항공기처럼 엄격한 안전성 검사를 의무화했다(European Parliament, 2023). 2026년 8월 전면 시행되며, 위반 시 최대 전 세계 매출의 7%까지 과징금을 부과할 수 있다. 삼성전자 연 매출이 약 300조 원임을 감안하면, AI Act 위반 시 최대 21조 원의 벌금을 물 수도 있는 셈이다.

중국의 '자력갱생' 노선

중국은 '자력갱생'을 핵심 키워드로 내세우고 있다. 미국의 압박에 굴복하지 않고 자체 AI 생태계를 구축하겠다는 의지다. 2023년부터 시행 중인 '생성식 AI 서비스 관리 방법'을 보면 중국의 의도가 뚜렷하다(이코노미조선, 2023). AI 서비스 출시 전 정부 승인을 의무화하고, 사회주의 가치관에 부합하는 콘텐츠만 생성하도록 규제하고 있다. 업계에 파란을 일으켰던 딥시크(DeepSeek) AI 모델을 국가 기밀로 지정하기도 했다.

AI 규제가 만든 새로운 무역 장벽들

AI 시대에는 '규제 자체가 무역 장벽'이 되는 기묘한 현상이 나타나고 있다. 과거 관세나 쿼터 같은 직접적 장벽이 주요 문제였다면, 이제는 각국의 상이한 AI 규제가 사실상 비관세 장벽 역할을 하고 있다.

EU AI Act로 인해 AI 기업들의 유럽 진출 난이도가 크게 높아졌다. 고위험 AI로 분류되면 CE 마킹 획득을 위해 품질 관리 시스템 구축, 위험 평가 실시, 기술 문서 작성, 적합성 평가 등 복잡한 절차를 거쳐야 한다. 대기업도 부담스러운 과정을 스타트업이 감당하기는 거의 불가능한 수준이다.

더욱 복잡한 쟁점은 데이터 현지화 요구 사항이다. 러시아는 2015년부터 러시아인의 개인정보를 러시아 내 서버에 저장하도록 의무화했고, 중국도 사이버보안법을 통해 중요 데이터의 해외 이전을 제한하고 있다. 그런데 AI 모델 학습에는 전 세계 데이터가 필요하다. 각국이 자국 데이터의 해외 반출을 막으면 AI 발전이 크게 제약받을 수밖에 없다.

디지털세 논란도 갈수록 치열해지고 있다. 구글, 아마존, 페이스북 같은 미국 빅테크 기업들이 유럽에서 매출을 올리면서도 저세율 국가에서만 세금을 내는 것을 막기 위해 프랑스가 2019년 디지털세를 도입했다. 이에 대해 트럼프는 프랑스산 샴페인과 치즈에 보복 관세를 부과하겠다고 위협했다(BBC, 2019). 영국, 이탈리아, 스페인, 오스트리아 등도 디지털세 도입에 나섰다. AI 서비스가 확산될수록 이런 갈등은 더욱 격화될 전망이다.

한국의 딜레마: 교량 역할 vs 진영 선택

한국은 현재 매우 미묘한 지정학적 위치에 있다. 안보는 미국과의 동맹 관계, 경제는 중국이 최대 교역국, 규제 철학은 유럽과 유사한 측면이 있다. 다행히 2025년 1월 「인공지능 발전과 신뢰 기반 조성 등에 관한 기본법」이 시행되었다(법제처, 2025). EU에 이어 세계에서 두 번째로 포괄적인 AI 법률을 마련한 것이다.

우리의 지정학적 위치를 전략적으로 활용하면 디지털

통상의 교량 역할을 충분히 해낼 수 있다. 실제로 우리나라는 다방향 디지털 통상 네트워크를 적극 구축하고 있다. 아시아-태평양 지역에서는 DEPA(디지털 경제 동반자 협정) 가입을 완료했고, 유럽과는 DTA 협상을 타결했으며, 미국과는 기존 동맹 관계를 바탕으로 AI 기술 협력을 확대하고 있다.

정부도 과감한 투자에 나섰다. 2026년 AI 관련 예산을 전년 대비 29.7% 증액한 4조 4600억 원으로 편성했다(과학기술정보통신부, 2025). 우리 기업들의 성과도 주목할 만하다. SK하이닉스와 삼성전자가 HBM(고대역폭 메모리) 시장에서 세계 1, 2위를 차지하며 AI 반도체 생태계의 핵심 역할을 담당하고 있다. LG와 네이버의 AI 기술력도 글로벌 수준으로 인정받고 있다.

5년 후 무역 지형도

향후 5년간 무역의 모습은 현재와 완전히 다른 양상을 보일 것이다. 가장 큰 변화는 '디지털 진영화' 가속화다. 미국과 EU 중심의 '자유 민주주의 진영'과 중국 주도의 '권위주의 진영'으로 양분될 가능성이 높다. 이는 단순히 기술 경쟁을 넘어 가치관과 체제 경쟁의 성격을 띠게 될 것이다. 예를 들어 미국과 EU는 '인권 중심 AI'를 내세우며 개인의 자유와 프라이버시를 강조할 것이다. 반면 중국은 '사회 안정 중심 AI'를 추구하며 집단의 이익과 국가 발전을 우선시할 것이다. 이런 차이는 AI 개발 방향은 물론 데이터 수집, 알고리즘 설계, 서비스 제공 방식까지 완전히 다르게 만들 것이다.

하지만 변화 속에 기회의 씨앗이 있다. AI 디지털 통상의 확산으로 완전히 새로운 수출 기회들이 생겨나고 있다. K-뷰티 브랜드들은 AI를 활용한 개인 맞춤형 화장품 추천 서비스로 차별화에 성공하고(조선일보, 2025), 국산 의료 진단 AI는 결핵 검출 성능에서 1위를 기록하며 글로벌 AI 솔루션을 누르고 국제 의학 저널에 게재되었다. 이 외에도 자율주행 기술, 스마트팩토리 솔루션 등에서도 우리 기업들의 기술력이 세계 시장에서 인정받고 있다.

특히 AI는 중소기업들에게 게임 체인저가 되고 있다. AI 번역으로 언어 장벽이 크게 낮아지고, AI 마케팅 도구로 현지 소비자 취향을 정밀 분석할 수 있으며, AI 기반 전자상거래 플랫폼을 통해 전 세계 고객에게 직접 판매할 수 있게 되었다. '영주 대장간 호미'의 아마존 수출이 좋은 예다.

결국 AI와 디지털 통상의 결합은 21세기 무역의 새로운 표준이 되고 있으며, 이런 변화는 단순한 기술적 혁신을 넘어 무역 생태계 전반의 패러다임 시프트를 의미한다. 성공을 위해서는 세 가지 균형에 집중해야 한다.

첫째, 기술 혁신과 규제의 균형이다. 과도한 규제로 혁신을 위축시켜서도, 안전을 무시한 채 기술만 추진해서도 안 된다. 둘째, 개방성과 안보의 균형이다. 국가 안보와 핵심 기술 보호를 위한 최소한의 통제는 필요하지만, 과도한 보호주의로 글로벌 협력 기회를 놓쳐서는 안 된다. 셋째, 글로벌 협력과 자주적 역량의 균형이다. 국제 표준과 규범 제정에 적극 참여하면서도 우리만의 경쟁력을 키워나가야 한다.

디지털 통상은 아직 누구도 정답을 모르는 진행형 실험이다. 그렇기에 우리에게도 충분한 기회가 있다. 한국이 고도 성장하여 축적한 무역 노하우에 AI 기술력을 결합하면 글로벌 리더로 도약할 수 있다. 변화의 속도가 빨라질수록 기본기의 중요성은 더욱 커진다. AI가 아무리 발달해도 무역의 본질인 '신뢰'는 변하지 않는다. 기술의 힘으로 더 투명하고 효율적인 무역 생태계를 구축해 나가는 것, 이것이 우리가 그려야 할 AI 디지털 통상의 미래다.

참고문헌

과학기술정보통신부(2025). "과기정통부 내년 예산 '역대 최대 규모' … R&D에 11조 8000억 투입". https://www.korea.kr/news/policyNewsView.do?newsId=148948482

법제처(2025). "인공지능 발전과 신뢰 기반 조성 등에 관한 기본법".

산업통상자원부(2025). "한-유럽연합(EU) 디지털통상협정(DTA) 협정문 공개 및 국민 의견 접수". https://fta.go.kr/ftamain/kfta/lov3/kedta/5/1/#

이코노미조선(2023.5.8). "생성식 인공지능, 가치를 담은 중국식 생성AI". https://economychosun.com/site/data/html_dir/2023/05/08/2023050800030.html

정해영(2022). "미·중·EU의 디지털통상 삼국지 및 우리나라 현황". 《KITA 통상 리포트》, 2022-6.

조선일보(2025.4.11). "AI가 제안하는 '각·보·자' 루틴… 닥터지, 3분 피부 진단 시대 열다". https://digitalchosun.dizzo.com/site/data/html_dir/2025/04/11/2025041180171.html

BBC(2019.12.3). US threatens tax on champagne and French cheese. https://www.bbc.com/news/business-50636521

European Parliament(2023). EU AI Act: first regulation on artificial intelligence. https://www.europarl.europa.eu/topics/en/article/20230601STO93804/eu-ai-act-first-regulation-on-artificial-intelligence

Reuters(2024.3.2). Moratorium on e-commerce tariffs extended for 2 years, draft WTO document says.

https://www.reuters.com/business/moratorium-e-commerce-tariffs-extended-2-years-draft-wto-document-says-2024-03-01/

The White House(2025). Promoting the export of the American AI technology stack. https://www.whitehouse.gov/presidential-actions/2025/07/promoting-the-export-of-the-american-ai-technology-stack/

10
기업의 AI 도입 전략

AI도 시작이 반이다. 핵심은 작게 시작해 빠르게 확장하는 것이다. 전자상거래가 '영주 대장간 호미'를 미국 시장에 진출시킨 것처럼, AI는 중소기업의 성장 부스터가 될 수 있다. 프롬프트 공유로 시작하는 집단 지성은 AI 에이전트 기반 자동화로 진화한다. 조직 내 AI 인식 전환과 정부 지원 제도 활용을 병행하면, AI가 디지털 망망대해를 헤쳐 나가는 든든한 돛이 될 것이다.

AI와 미래 의사?

기업의 AI 도입, 시작이 반이다

"야, 너두 할 수 있어"라는 광고 카피가 강조하듯이, AI는 두려움을 떨치고 시도하는 것만으로도 절반은 성공한 셈이다. 저자가 처음 엑셀을 접했을 때를 떠올려 보자. 바둑판처럼 이어진 셀과 낯선 메뉴 앞에서 느꼈던 '막막함'을 아직도 생생히 기억한다. 그러나 필요한 기능부터 하나씩 사용해 보니, 생각보다 쓸 만하다는 '안도감'이 뒤따랐다. AI를 처음 접하며 느낀 '기시감'은 바로 이런 것이었다. 동일한 절차를 밟으며 깨달은 진리가 있다. 일단 써 보면 할 수 있다는 것이다.

많은 무역 업계 종사자들이 "AI 관련 뉴스가 쏟아질 때마다 뒤처지는 불안을 느낀다"고 토로한다. 그럴 때마다 웃으며 이렇게 조언한다. "막연하더라도 프롬프트 창에 무엇이든 적어서 시켜 보세요. 어느새 AI 없이는 못 사실 겁니다."

기술 혁신은 중소기업에게 양날의 검이다. 기존 시장에 변화가 생기면, 중소기업에게도 파고들 틈새가 열린다. 전자상거래가 유통을 혁신하자 '영주 대장간 호미를 미국 아마존으로 수출'하는 성공 사례가 나왔다(연합뉴스, 2021). AI 역시 비용 효율성과 초개인화라는 강점으로 중소기업의 성장 부스터 역할을 할 것이다.

반면 새로운 기술 도입에는 시간, 비용, 조직 적응이라는 현실적인 장벽이 따른다. 중소기업의 과제는 자사 상황에 맞는 AI 도입 방법을 찾는 것이다. 이에 중소기업이 부담 없이 시작하고 점진적으로 확장할 수 있는 AI 도입 전략을 제안한다.

프롬프트 공유로 시작하는 집단 지성

기업의 AI 활용 첫걸음은 사내에서 자주 사용하는 프롬프트를 모으고 공유하는 일이다. 간단하게 회사 게시판이나 노션, 슬랙 등 협업 도구에 프롬프트를 공유하면 전 직원이 집단 지성의 혜택을 누릴 수 있다. 저자의 회사에서는 '빠른 퇴근을 돕는 프롬프트 경진대회'를 개최하여 양질의 프롬프트를 발굴했고, 많은 직원들이 AI를 활용하는 계기가 되었다. 업계 전문가들도 효과적인 프롬프트와 템플릿 개발 및 공유의 중요성을 강조한다(IBM, n.d.).

기업 여건에 맞는 커스텀 GPT를 제작하여 공동 활용하는 것도 훌륭한 방법이다. 이미 GPT 스토어에 수백만 개의 샘플이 등록되어 있어, 이를 참고해 GPT를 만들 수 있다. 예를 들어, 커스텀 GPT를 팀 전용 워크스페이스에 제작하고 바이어 컨퍼런스콜 요약, 거래 제안서 작성 같은 업무에 팀원들이 함께 활용할 수 있다. 특히 팀 규칙이나 과거 문서를 학습시킨 커스텀 GPT는 신입 직원의 업무 적응에 필요한 초기 교육 시간(Onboarding time)을 크게 단축한다. 민감한 정보는 옵트 아웃(Opt-out)을 설정하여 OpenAI 본사의 수집에서 제외시킬 수 있으므로 정보 유출 걱정도 없다.

간혹 커스텀 GPT 제작을 '파인튜닝(Fine-tuning)'과 혼동하여 어려워하는 경우가 있다. 파인튜닝은 AI 모델의 내부 파라미터를 새 데이터로 재학습시켜 특정 산업 도메인에 최적화하는 방식이다. 마치 자동차의 엔진을 개조해 출력과 성능 자체를 바꾸는 것으로, 주로 AI 개발 기업에서 진행한다. 반면 커스텀 GPT 제작은 AI 모델 구조를 바꾸지 않고, 프롬프트 지침과 예시를 저장해 균일한 응답 패턴을 재현하도록 설정하는 것이다. 이는 차량에 액세서리를 추가하는 것과 유사하다. 중소기업에는 쉽게 제작할 수 있는 커스텀 GPT 활용을 권한다.

여기서 중요한 것은 '꾸준한 개선'이다. 축적된 프롬프트가 사업 목적에 부합하는지 검증하고, 부족한 부분은 사내 용어 표준, 금지어 정책 등으로 보완한다. 가급적 출처 표시, 최신성 점검 주기, 개인정보 보호 규칙까지 만들어야 지속 가능한 단계로 올라간다. 이렇게 조직 내에서 정선한 프롬프트는 황금보다 소중한 지적 자산이 된다. AI는 도입이 아니라 운영의 문제다. 안정적으로 굴러가게 만드는 조직 내 협력과 관리가 관건이다.

협업 다음은 자동화

프롬프트를 공유하며 형성된 조직 내 집단 지성은 한 단계 더 진화할 수 있다. 협업으로 AI 사용의 저변이 넓어졌다면, 자동화로 그 효과를 조직 전체의 생산성 향상까지 확장해야 한다. AI가 실무에 자연스럽게 녹아들었으니, 다음 과제는 '사람이 하던 일을 기계가 대신 하는 것'이다.

자동화의 열쇠는 사내에 축적된 지식 자산을 재발견하는 일이다. 시장 조사 보고서, 바이어 상담 내역, 전시회 참가 기록 등은 보관만 하면 단순한 아카이브에 불과하다. 반면 이를 AI에 체계적으로 학습시키면 강력한 의사결정 지원 도구로 변모한다. 예를 들어, 구글 Notebook LM에 업무 자료를 업로드하고 한 번만 클릭하면 경영층 보고서, 직원 학습 자료, 마인드맵, 오디오 브리핑까지 순식간에 만들어 낸다. 특히 구글 드라이브와 연동하여 조직 내 정보의 실시간 분석이 가능해, 곳곳에 숨어서 암묵지로 존재했던 보고서나 계약서를 일일이 열람하던 시간을 크게 줄일 수 있다(Google, 2025).

다음 단계는 노코드(No code) 개발로 직접 업무 자동화를 구현해 보는 것이다. 코드를 작성하지 않고 프로그래밍을 하는 노코드 개발이 확산되면서, 자체 개발자가 없는 중소기업들도 반복성 업무를 줄이는 시도를 손쉽게 할 수 있다. 노코드 툴에서 제공하는 API(응용 프로그램 인터페이스)로 "견적 문의 수신 → 요건 파악 → 견적 작성 → 승인 · 발송"의 절차를 한 줄로 엮을 수 있는 것이다. 여기서 중요한 절차에 AI를 끼워 넣으면 고객 맞춤형 응대가 가능하다. 예컨대, 견적 작성 절차에 AI를 개입시키면서 '톤은 정중하게, 우리 측에 불리한 문구 제거, 납기 · MOQ 누락 체크' 같은 규칙을 프롬프트로 지시하면 실수는 줄고 속도는 붙는다. 처음에는 '전시회 명함 입력 → 인사 메일 발송'처럼 작은 흐름부터 시작해 보기 바란다.

CES 2025에서 젠슨 황에 의해 화두가 된 'AI 에이전트'는 업무 분야를 넘나드는 복잡한 태스크까지 지원하기 시작했다. 2024년 말 AI 에이전트와 외부 시스템이 협업하는 개방형 프로토콜인 MCP(Model Context Protocol)가 공개되고, MS, Google, AWS 등 글로벌 기업이 대거 MCP를 도입하면서 AI 기반 업무 자동화에 큰 변화가 나타나고 있다. AI 에이전트가 활성화되면 향후 AI는 ERP, CRM, 생산 관리 시스템 등 사내 핵심 데이터베이스와 연동되어 최신 데이터를 기반으로 판단을 내릴 수 있게 된다. 이는 단순 업무를 최소화할 뿐 아니라, 사업 기회 발굴 → 제품 생산 → 물류 같은 다양하고 복잡한 업무 절차에 AI가 관여하는 것이다.

앞서 언급한 노코드 기술이 '사람이 밀키트를 이용하여 요리'하는 수준이라면, AI 에이전트는 '기계가 음식 주문을 받아 제철 재료를 주문하고, 조리 순서를 정해서, 취향에 맞춘 요리를 서빙'하는 수준이다. 향후 업무 자동화에 새로운 국면이 기대되는 이유다.

시작은 미약하나 끝은 창대하리라

초기에 조직 내 작은 실험처럼 보였던 프롬프트 공유는 사내 협업을 촉진하는 집단 지성이 되고, 이는 다시 자동화와 AI 에이전트 기반의 업무 재설계로 이어진다. 이 과정에서 중요한 것은 거창한 논의와 대규모 투자가 아니라 '작게 시작해 빠르게 개선하는 태도(Agile)'다. 실패를 두려워하지 않고 시도할수록 기업은 데이터와 경험을 축적하고, 이는 곧 경쟁사가 모방할 수 없는 지적 자산으로 전환된다.

그러나 빠른 기술도입만으로는 아직 부족하다. 무엇보다 조직 구성원의 인식 개선이 우선이며, 이를 위해 내부적으로 한 명이라도 AI 혁신 담당자를 지정해 교육을 받고 사내에 전파하는 구조를 갖출 필요가 있다. 동시에 정부가 지원하는 AI 바우처 사업, 디지털 전환 컨설팅 등을 적극 활용하면 비용과 시행착오 부담을 줄이는 현실적 수단이 된다.

데이터가 새로운 원유가 되고 AI가 새로운 엔진이 된 지금, 작은 기업일수록 'AI라는 큰 돛'을 달고 디지털 망망대해를 헤쳐 나아가야 한다.

참고문헌

연합뉴스(2021.3.6). "아마존 뚫은 영주 대장간 장인의 호미".
https://www.yna.co.kr/view/AKR20210217048600805

한국지능정보사회진흥원(2025). "검색 패러다임의 변화, AI 검색 에이전트의 부상". 《The AI Report》.

Google(2025). "무엇이든 이해할 수 있습니다".
https://notebooklm.google/

IBM(n. d.). What is prompt optimization? Prompt Engineering Guide.
https://www.ibm.com/think/topics/prompt-optimization

김인근

한국무역협회에서 재직 중이며, 한국국제상학회 이사를 맡고 있다. LG CNS(2007)에서 IT 컨설팅을 수행하고, 한국무역협회에서 자카르타·호치민 지부를 설립했다. 한양대 학사, 고려대 석사 학위를 받았으며, 인도네시아 국립대 BIPA, 경북대 무역학 박사를 수료했다. 정보관리 기술사(2006), 정보통신 특급 감리원(2009), APEC 국제 기술사(2011), 대통령 직속 민주평화통일 자문위원(2019)으로 활동하고, 산업통상자원부 장관 표창을 수상했다. 저서와 논문으로 《아세안 스타트업 메가 클러스터 분석 및 시사점》(2018), 《인도네시아 자동차 시장에 대한 한국의 수출경쟁력 분석》(2022)이 있다.

김우규

한국IT마스터즈의 대표이사로 재직 중이며, 대학원에서 AI정보과학전공 박사과정에 재학 중이다. 30여 년 간 IT업무에 몸담으며 금융회사와 공공기관의 IT개발 및 기획, CISO/CIO 등을 경험하였고, 공공기관 ISP/ISMP 전문 컨설팅 기업을 2021년도에 창업하여 운영 중이다. 정보관리기술사(2006), 정보시스템 수석감리원(2007) 자격을 보유하고 있으며, 국가산업기술혁신 평가단 정위원으로서 2009년 이후 지속적으로 활동함으로써 SW산업발전에 기여한 바를 인정받아 2019년 과학기술정보통신부 장관상을 수상했다. 인공지능총서 시리즈 중 하나인 《AI와 휴먼 인사이트》(2025)를 공동으로 저술했다.